EX-LIBRIS
DU CABINET
D'UN VIEUX BIBLIOPHILE

20°

LE JÉSUITE MISOPOGON SÉRAPHIQUE,

OU

L'ENNEMI DE LA BARBE DES CAPUCINS.

Par L'Alguasil Dom-Diego Balayas, y Caramuera.

A NAPLES.

M. DCC. LXII.

Avec Approbation de Nosseig. du Saint-Office.

LE
JÉSUITE
MISOPOGON
SÉRAPHIQUE, &c.

I L y a assez long-temps qu'on fait jurer le Public, & pleurer les pauvres Jésuites, de l'exposé vrai ou faux de leurs attentats politiques ; il est temps de le faire rire du récit des bons tours & des espiègleries de ces Pères, & de les faire rire aussi eux-mêmes. Cet ouvrage est tout à leur gloire ; le Héros de la Comédie, est le Révérend P. Feroquiers ; ce saint serviteur de Dieu, plus éclairé, sans doute, sur les vrais intérêts de l'Ordre, a voulu réparer son honneur, un peu compromis, dans l'accusation de certain goût en amour, qu'on leur soupçonne peut-être mal-à-propos, & dont Socrate donna jadis leçon au gentil Alcibiade.

L'histoire que j'offre à la malignité du Public, est recente : j'ose même la donner pour vraie ; j'ai mes garants ; tant pis pour. eux s'ils m'ont trompé. Ce ne fera guères au moins que dans l'acceſſoire : pour le princi- pal , j'en réponds : je ne mettrai rien du mien : je ne fuis pas de ces Ames noires & cruellement Catholiques, qui ſe font un di- yertiſſement barbare de mettre à tout propos ces bons Pères en jeu ; je ne voudrois pas à coup ſûr mentir pour un Jéſuite. Ce ne font pas de ces gens qu'on ſe mette impunémens à dos. Je leur ai même des obligations ; élevé ſous eux , ſans leurs ſoins paternels, j'igno- rerois peut - être encore ces raffinements en amour, ces voluptés, que les Païens diſoient que leurs Dieux s'étoient réſervées, comme l'appanage & le morceau le plus friand de la Divinité. En un mot., je leur dois les plus doux moments de ma vie, cela mérite bien quelque reconnoiſſance. Laiſſons les Jan- féniſtes , & tant de Potentats démêler en tremblant leur fuſée avec ces dangereux En- nemis, lancer des Arrêts, Afficher des proſ- criptions, qu'on ſupprime le moment d'après, & faire comme ces enfants , qui font une ligue contre le Correcteur du Collège , & finiſſent par le prier de venir les fouetter. Pour nous ne nous occupons que des plaiſirs de la Société, & revenons à mon Héros.

Le Révérend Père Feroquiers étoit , pour ſes péchés, natif de Bretagne, long- temps Régent d'humanités à Paris , où il apprenoit à s'humaniſer avec d'autres per- ſonnages que des Auteurs Latins.

Plein d'un généreux mépris pour les Antiques, il en étoit beaucoup pour les beautés modernes. On fait un crime à ces honnêtes Religieux, de leur penchant hérétique en amour : mais examinons la chose, & rendons leur une bonne fois, justice à cet égard : ils ne nous donnent pas si souvent occasion de leur faire ce sacrifice de notre ressentiment.

L'homme se porte par tout ; l'habit ne fait rien ; l'amour perce également de ses flèches, & la haire du Cénobite, & la cuirasse sanglante de ce vieil militaire rébarbatif. Malgré tous ces vœux de chasteté, que la bouche prononce en frémissant, & que le cœur désavoue tout bas, on porte toujours au fond de ce cœur sensible, cet ennemi domestique qui nous livre des combats d'autant plus dangereux, que chaque victoire nous fait mieux sentir notre foiblesse, & l'impossibilité de toujours vaincre. La solitude, la privation des objets, les macérations même irritent encore la rage amoureuse du malheureux solitaire : on ne peut pas toujours aimer le Créateur, il faut bien aimer un peu la créature, & parmi celles-là les plus aimables, & sur-tout celles qui nous promettent un triomphe plus facile, quand on n'a pas le temps de chicanner la victoire. Un Jésuite est plus pressé qu'un autre en amour, comme plus exposé. Un Chartreux n'a rien sous ses yeux, qui irrite ses passions, point d'ennemi à combattre que son imagination ; qu'il vienne au point de la dompter, & de calmer ses fougues : le voilà vainqueur. Un robuste Franciscain. . . . . un Franciscain est un

Franciscain..... mais un Jésuite qui régente, qui a sans cesse sous les yeux un petit troupeau de Beautés ravissantes, de petits Anges, qui semblent avoir déserté les célestes lambris, pour ménager la fragilité des Vierges saintes, & mettre à couvert leur pudeur; un Jésuite qui dispose en maître du cœur & de la personne de ces jeunes Amours, qui souvent découvre une partie de leurs appas secrets, dans ces châtiments politiques, infligés pour la satisfaction du Professeur voluptueux, un Jésuite, dis-je, pour résister à tant de pièges, devroit être plus qu'un Dieu, ou moins qu'un homme, (on m'entend) mais malheureusement le Père Feroquiers, étoit plus qu'un homme, & beaucoup moins qu'un Dieu.

Ce bon Lévite avoit le sang extrêmement chaud, son grand nez aquilin annonçoit en sa personne une vivacité de sentiments, & une flexibilité d'organes, qui donnoient des préjugés avantageux de la conformité du reste de l'invidu. Il avoit donc mille raisons qui sembloient justifier ses penchants, contre une qui pouvoit les combattre, & mille moyens de les satisfaire. Dans la position où l'avoit mis la fortune, un Saint n'auroit pas résisté. Je veux croire qu'en cas semblable, le pied n'a pas glissé à beaucoup de Saints & de Saintes, qu'ils ont triomphé du Démon de la chair; mais ce triomphe ne leur coûtoit guères apparemment. Avant de les couronner, j'aurois exigé qu'on eût inséré dans le Procès-verbal de leur canonisation, l'acte authentique d'une visite bien juridique des matrônes du lieu, & bien constaté l'exacte conformité de leur saint individu. Joseph a résisté à la femme de Putiphar, dira-t-on, & cependant le Père d'une postérité nombreuse ne doit pas être suspecte : à la bonne heure, encore avec le respect dû aux saintes Ecritures, cet endroit est-il un peu sujet à caution.... Mais le doute seroit une impiété : disons mieux ; & convenons qu'il falloit que cette Madame Putiphar fût quelque Prêtresse réformée de Cythère, dont les appoints de vieille édition n'avoient rien de plus piquant, que ceux de quelque vieille Directrice de Comédiens de Province.

Notre Jésuite, entraîné par son tempérament fougueux, autant que par son zèle pour les Constitutions de l'Ordre, se livroit sans scrupule, mais non sans prudence, aux plaisirs innocents, que Rome & saint Ignace permettent à la fragilité humaine. Son sort étoit digne d'envie ; aujourd'hui l'un, demain l'autre. Un Sultan au milieu de son serrail, a moins d'objets à choisir, & de moins propres à réveiller sa sensualité. Il avoit mille prétextes ingénieux pour attirer dans sa chambre tour-à-tour, ceux de ses jeunes élèves, qui lui promettoient le plus de plaisirs. On procédoit méthodiquement ; car il ne falloit pas effaroucher ces jeunes cœurs, encore peu développés, & qui ne savent rien de rien. On interrogeoit d'abord l'enfant sur ses études, sur ses occupations, sur ses amusements. On lui demandoit, s'il avoit quelque petit ami, qu'il préférât aux autres ; puis les raisons de

(8)

cette préférence ; puis enfin l'objet de leurs
conversations. On s'informoit adroitement,
s'ils ne se cachoient pas quelquefois des autres, pour se procurer quelques petits plaisirs ;
s'ils ne faisoient rien de plus que de jouer
ensemble ; s'il ne se passoit rien de plus criminel entr'eux.... L'enfant ignoroit ce qu'il
pouvoit faire de criminel ; pour lors, il falloit
entrer dans de certains détails, & joindre
au problême, la démonstration complette.
Tout cela étoit accompagné de baisers pleins
de flamme, & de petites caresses magistrales.
N'avez - vous jamais fait comme cela ?....
Bon.... Le petit ami né faisoit-il pas comme
cela ?... Ne vous êtes vous jamais mis comme
cela ?... Ne lui avez - vous jamais porté la
main là ?... Ah ! petits fripons !... Vous
mériteriez.... Pauvres enfants ! Pauvres petits
innocents !... Hélas ! cela ignore le mal que
cela fait.... Mais, quel mal donc, mon Père ?
nous n'entendions pas malice.... Est-ce que
tout ce qui fait plaisir est un mal ?... Eh,
oui, petit misérable, quand on fait ces choses-
là avec d'autres, que ceux qui, comme nous,
sont autorisés par l'Eglise !... En disant cela,
on serroit l'enfant contre son sein ; on passoit
la main dans son petit jabot ; on faisoit semblant de le fouetter par dessus l'habit ; puis
on osoit davantage, puis encore davantage.
La main s'égaroit ; les voiles importuns étoient
détachés ; peu à peu, on se permettoit d'autres
libertés, puis quelques autres plus essentielles.
Bientôt on osoit tout ; la vûë tournoit à l'homme de Dieu, & la Comédie finissoit par un

dénouement, qui tournoit au grand avan-
tage des intéressés. On promettoit, & on faisoit promettre le secret, & on le gardoit de
bonne foi. L'enfant, dès ce moment, devenoit favori, & acquerroit le droit de ne plus
rien faire & de ne plus rien valoir. Si quelqu'esprit farouche ne prenoit pas goût au
badinage, on lui faisoit bientôt une querelle
d'Allemand ; il étoit fouetté jusqu'au sang,
& ce plaisir extorqué est, dit-on, pour un
Jésuite sensuel, un ragoût délicieux, & presqu'égal au viol d'une jolie Nonain, pour un
bon militaire Anglois.

Dans ces momens voluptueux, Don Fé-
roquiers bénissoit l'Auteur de toutes choses,
de ce que, par une prédestination gratuite,
il l'avoit fait Jésuite, & non Chartreux, non
Cordelier & toute autre espèce de Moîne :
il faisoit *in petto* une renovation de vœux,
& promettoit bien à saint Ignace d'être toujours fidèle à la Règle ; toujours Jésuite en
un mot. La réflexion même succèdoit au
plaisir. Le feu de la charité, qui dévoroit le
saint homme, lui faisoit déplorer avec amer-
tume, le malheur de la condition des autres
Cénobites ses confrères, d'un misérable Capucin crasseux & velu comme un ours, par
exemple, dont les goûts grossiers, mais pres-
crits par les Statuts de l'Ordre, pour des
momens de volupté rapide, lui coûtoient
souvent une éternité de larmes, & l'obli-
geoient de dire avec un Patriarche, *Gustans,*
gustavi paululum mellis in summitate virginæ :
& ecce morior. Un évènement imprévu abrégea

les longs soliloques du moderne Augustin,
dérangea tous ses projets de conduite, & mit
en défaut une vertu de six ans d'épreuves.
La chûte de notre premier Père, & celle du
Jésuite, fut l'ouvrage d'un moment. Jamais
disgrace d'un premier Ministre, ne fut plus
subite ; voici le fait.

Un Armateur de Saint - Malo, n'avoit
qu'une fille, qu'il aimoit un peu plus que
ses yeux ; ce bon-homme, quoique marin,
aimoit les Lettres, & même lisoit, quand
il étoit de loisir sur son bord, à peu près
comme le Père G.... dit son Bréviaire, lorsque les fumées d'un bon souper lui procu-
rent des insomnies : il brûloit d'envie que sa
fille, instruite dans les Lettres, pût être un
jour la consolation de sa vieillesse. Cette idée
n'étoit pas trop d'un Marin, & qui pis est,
d'un Corsaire. Mais un Breton, a quelquefois
des fantaisies, & celle du nôtre étoit, que sa fille
fut savante ; la façon dont il s'y prit pour en
venir à ses fins, est aussi singulière que l'idée
en elle-même. Ne sachant comment lui donner une éducation, telle qu'il la vouloit, ni
à qui confier l'enfance de sa fille, lorsqu'il
étoit en course, il conçût & exécuta le bi-
sare projet de déguiser son sexe, de l'habiller
en garçon, & de l'envoyer étudier à Paris,
sur-tout chez des Jésuites ; il se flattoit bien
que quand Lili, c'étoit le nom de l'enfant, seroit reconnue par hazard, pour ce
qu'elle étoit, sa pudeur n'avoit pas trop à
craindre des attentats d'un Jésuite ; car à
cet égard au moins, ce sont communément

les plus honnêtes gens du monde. L'aimable
enfant fut donc, vers les neuf à dix ans,

Et comme on dit, ne sachant rien de rien,
Au susdit Cloître, enfermé pour son bien.

Sa beauté, qui se développa avec les charmes de son esprit, lui donnoit de jeunes Adorateurs. Son cœur s'épanouissoit comme une
jeune rose, aux hommages peu suspects
qu'elle recevoit de toutes parts ; aimée de
tous, & sans rivaux, ses jeunes amants l'ap-
pelloient l'Amour, faute de savoir mieux quel
nom lui convenoit. Pas un ne s'inscrivoit en
faux contre le culte qu'on rendoit à la jeune
Déité : trop heureux celui dont elle souffroit
plus volontiers les caresses & les hommages.
Malgré sa sagesse, la bonté de son caractère,
& son assiduité à ses devoirs, Lili auroit eu
peine à échapper aux châtiments politiques
de ses lascifs pédagogues, partant son sexe
auroit bientôt percé, & quoiqu'on en dise,
sa pudeur virginale couru d'étranges risques,
n'eût-ce été que de la part de ses camarades ;
mais le Père avoit exigé prudemment des
Préfets, que sa fille ne subiroit jamais le
grand châtiment si terrible aux enfants de
cet âge, sous prétexte qu'elle avoit certaine
incommodité, qu'il n'expliqua pas. On lui
tient parole ; les Préfets confèrent ce secret
aux Régents & aux Sous-Maîtres, & Lili
ne fut jamais fouettée.

Lili avoit déjà treize à quatorze ans, &
le Révérend Père Feroquiers, étoit le Dragon
qui veilloit à la garde de cette précieuse

Toison. Ce Dragon furveillant en devint
bientôt le Jafon. Ce jeune objet, à force
d'exercices, peu ordinaires à fon fexe, étoit
plus formé, qu'une fille ne l'eft communément à cet âge : fes charmes fe développoient,
croiffoient, fe multiplioient à vuë d'œil, ou
pour mieux dire, elle fembloit n'en avoir
plus à acquérir de nouveaux. Le Révérend
Père avoit jetté à la traverfe, quelques coups
d'œil profanes fur tant d'attraits, & ne l'avoit
pas fait impunément. Souvent même il fe
trouvoit furpris de fon ancienne froideur,
& ne pouvoit fe dire comment ce tendron
avoit pû lui échapper jufqu'alors. Il fe promît
bien de réparer fa faute à la première occa-
fion, & de ne pas laiffer fortir de fes mains
cet enfant, avec toute fon innocence. Le hazard le fervit. Un Penfionnaire avoit eu de
meilleurs yeux, & plus de témérité que le Révérend. C'étoit précifément ce *Folliculaire*
rapfodifte, connu depuis fous le manteau d'un
Abbé, & fous le nom de la *Parte*... qui
lors de cette aventure, fut jugé par les Pères,
digne des honneurs de l'initiation, qu'il a
reçue depuis. Le Père Feroquiers, dans le
cours de la claffe, furprit l'Abbé de la P, ...
dans une attitude un peu impudique. Sa main
avoit franchi les barrières, qui fervoient de
rempart aux charmes fecrets de Lili : avec
un air d'aifance, & des yeux de lubricité,
ce fripon fourageoit des appas, qui euffent
fait le bonheur d'un honnête homme, & dont
il ne connoiffoit pas tout le prix. Le Régent
le fit lever, pour l'interroger fur quelque

fadaife

fadaise scolastique, ou pour mieux dire, afin de s'éclaircir de la vérité, & pour jouir de son embarras. L'Abbé ne se déconcerta pas ; mais il eût peiner à retirer sa main emprisonnée dans la ceinture de Lili, avec assez d'adresse, pour dérober à l'Argus, une partie de ses plaisirs. Le sévère Inquisiteur, qui se connoissoit au jeu, dissimula, de peur de scandale, & leur ordonna à tous deux, de l'attendre à la fin de la classe, en leur lançant un regard, qui les fit frémir. Ils se crurent perdus, & sur-tout Lili ; elle ne se doutoit pas qu'elle avoit trop de quoi payer sa rançon & racheter sa faute, dans les trésors que la nature lui avoit prodigués. La classe finit enfin : le noir Minos, sans s'expliquer, leur fit signe de les suivre tous deux dans sa chambre. Son air étoit terrible & patelin, & les deux enfants ne s'y trompèrent pas. Leur Procès fut instruit dans les règles ; ils subirent séparément un interrogatoire épineux, une confrontation en forme ; enfin ils furent atteints & convaincus du crime galant mais puni de supplice, qu'évita si heureusement le Père Girard, & qui fera canoniser quelque jour le Père Malagrida.

L'Abbé de la P.... étoit dès-lors aussi hideux & aussi infame, qu'il paroît aujourd'hui à nos yeux indignés, malgré tous les soins du Baigneur industrieux, à qui le pinceau & l'éponge tombent vingt fois des mains, quand il recrépit tous les matins son vilain visage. Il n'y avoit guères que Voltaire, qui pût le lui disputer en laideur : son affaire fut

bientôt toiſée : il en fut quitte pour quelque
cinquantaine de coups de fouet, appliqués
ſur le plus noir & le plus maigre podex. On
penſe bien que le Jéſuite lui fit bien valoir
cette grace ; mais auſſi inhibition très-expreſſe
lui fut faire de révéler jamais cette affaire,
ni aucune de ſes circonſtances, à qui que ce
fut, pas même au Tribunal de la Confeſſion ;
même pour mettre ſa conſcience à couvert,
on le fit mettre à genoux, & il reçut une
abſolution générale, qui devoit valoir en ce
monde-ci & en l'autre. Il fut vîte renvoyé.
Vint le tour de Lili. On mit bien plus de
myſtère dans l'inſtruction de ſon Procès,
comme dans la punition qui s'enſuivit. On
différoit toujours de prononcer la Sentence.
Le délit n'étoit pas aſſez conſtaté, les preuves
pas aſſez claires, les aveux aſſez ſuffiſants,
& la procédure aſſez régulière. Cela demandoit de plus grands détails, ces détails vou-
loient être plus circonſtanciés.... Eſt-ce
bien comme cela qu'il vous a fait ?... Comme cela ?... Ah !.... Sa main s'arrêtoit-là ?...
Bon.... Et puis elle alloit là ?... Enſuite ?...
Là... Sentiez-vous bien du plaiſir ?.. Oui ?..
certaine émotion ?.... certain chatouillement
dans tous les ſens.... Sur-tout lorſqu'il vous
touchoit-là.... Quelle corruption !... Jéſus,
mon Dieu !.. Des enfants....à cet âge-là !...
être ſi corrompus, ſi ſenſibles... Oh ! les
grands fripons !... Les petits maudits !...
Encore ſi c'eût été avec des gens reſpecta-
bles, des Serviteurs de Dieu comme nous..
Nous avons droit ſur tout cela, en vertu

de nos faints privilèges, accordés par notre
R. P. Général, & confirmés par tant de
Brefs de Rome.... Et cependant, malgré
tant de droits exclufifs, nous n'en prenons
qu'avec fobriété, & pour nous aider à garder
le grand Vœu de chafteté que nous avons
fait, ou pour notre fanté.... Mais vous fentez
bien que ceci mérite punition ; elle devroit
être terrible & exemplaire ; mais attendu que
vous avez été corrompu par ce coquin de
la P.... j'uferai d'indulgence, & en fatif-
faifant à la vengeance Divine, je vous épar-
gnerai l'infamie du fupplice.... Encore ne fais-
je fi je n'en répondrai pas devant Dieu. Allons,
mettez-vous en état de fatisfaire...., comme
cela.... Aufli-tôt on dépouille la pauvre Lili
tremblante ; on abaiffe, on lui fait quitter entiè-
rement fon petit haut-de-chauffe ; on releve,
on attache autour de fes reins d'albâtre,
le linge importun, qui déroboit aux regards
de Feroquiers, tant de beautés que fes mains
n'avoient point refpectées.... On le prend
par le milieu du corps, avec une fainte indi-
gnation, à laquelle la lubricité du Moine ne
perdoit rien. Il transporte l'enfant, le couche
fur fon lit, & le place dans l'attitude la plus
propre à recevoir le châtiment promis, & à
faire toute autre chofe ; fans refpect pour fes
larmes aimables, on lui fait prendre fucçef-
fivement mille pofitions toutes plus voluptueufes l'une que l'autre. Mais l'Ignatien
lafcif, portant fa main dans un endroit,
jufqu'alors trop négligé, s'apperçut avec furprife que cela n'étoit pas fait comme il faut,

qu'il manquoit-là quelque chofe, & qu'enfin les vœux du Père, n'étoient qu'à demi fatisfaits, s'il avoit demandé au Ciel un fils tout complet. Le Béat ne pût contenir fon étonnement, ni diffimuler la douce émotion, qu'il fentit pour la première fois. Il connut qu'il ne perdoit pas au troc ; il retourne la jeune Vénus avec vivacité, & la met dans l'attitude naturelle ; pour laquelle le Ciel l'avoit deftinée ; fes mains, dans cette nouvelle opération, gagnèrent plus qu'élles n'avoient femblé perdre d'abord. Sous l'une, fe préfentent, pour être palpés, deux jolis Monts naiffants, plus blancs que la neige, qui s'élevoient, s'abaiffoient involontairement, & relevés de deux boutonnets qui fembloient vouloir éclorre, fleurir, & germer tout à la fois.... Sous l'autre main encore mieux partagée, il trouve.... Ah !... Que ne trouva-t-il pas ? ... Que n'éprouva-t-il pas ? ... Quelle douce révolution ne fe fit pas dans tout fon catholique individu !... Que ce Coquin étoit heureux !... Oui.... On peut s'en rapporter à moi ; je fais ce qu'il en eft : je me fuis trouvé en pareil cas, & je fens très-bien que tout n'en iroit pas plus mal en ce monde tant maudit, fi de pareilles fenfations étoient moins courtes, ou pouvoient fe répéter plus fouvent.

Mais qu'elle ne fut pas la furprife du Révérend, d'éprouver quelque chofe de plus vif, des fenfations plus voluptueufes que tout ce qu'il avoit goûté jufqu'alors, lui qui foupçonnoit à peine, qu'il y eût d'autres plaifirs,

que ceux que fa Règle lui permettoit ? La
nature étoit déjà affez développée dans Lili,
pour qu'elle fût en état de partager les tranfports du Révérend Père ; le genre de punition qu'elle fouffrit, fut peut-être d'abord un
peu plus douloureux, que celui auquel elle
s'attendoit ; mais après tout, il falloit bien
en paffer par - là tôt-ou-tard ; c'étoit une
affaire faite pour long-temps. Le Jéfuite ré-
concilié avec le beau Sexe, renonça pour
toujours aux Ganimedes ; employa Lili pour
fille, s'en trouva bien, & penfa que les
Capucins n'avoient pas tant de tort de ne
pas s'en trouver fi mal.

Notre Loyolite défabufé de fon culte hérétique, fit abjuration entre les mains de S. François au grand chagrin de S. Ignace, qui de là-
haut, ne vit pas de bon-œil cette apoftafie.
Cependant il lui fallut bien dévorer fon chagrin & ne dire mot : fon Difciple parjure
alla fon train, & de bon courage. On ne
fauroit croire tout ce qu'il fit pour raffurer
fon nouveau maître faint François, qui pouvoit craindre quelque rechûte. Qui l'auroit
dit alors, que ce feroit de la part d'un Soldat
du nouveau Général fous lequel le Père
Feroquiers venoit de s'enroller, qu'il devoit
éprouver les plus grandes traverfes, dans fa
carrière amoureufe, & qu'un Capucin por-
teroit les plus grands coups à fa bonne fortune ? C'eft pourtant ce qui arriva.

Trop gêné dans les bornes d'un Cloître,
trop expofé à la curiofité de mille Argus in-
duftrieux, Dom Feroquiers foûpiroit après les

jours de Féries scolastiques , qui lui procu-
roient des plaisirs moins furtifs & moins dangereux. Pour cela , le beau couple alloit
chercher le silence des bois & leurs volup-
tueuses retraites. Vincennes , le Port-à-l'Anglois , le Moulin - Janséniste , étoient leur
promenade ordinaire. On avoit quelqu'Hôtellerie attitrée , où l'on venoit se délasser des
fatigues du voyage ; dans ces Hôtelleries, il
y avoit quelque réduit, dans ce réduit quelque
cabinet secret, & dans ce cabinet quelqu'alcove
enfoncée qu'on avoit remarquée , & qu'on
avoit prié l'Hôte de ménager. Un jour que
nos deux Amants étoient au Moulin-Janséniste , ils y trouvèrent toutes les chambres
occupées , toutes les salles basses garnies
d'Etrangers & d'autres Ecoliers ; enfin il y
avoit peu d'espoir d'être tête-à-tête , & cependant le plaisir pressoit. Le Jésuite n'en
voulut pas démordre. Tandis qu'on apprê-
toit la collation , se promenant par-tout &
furetant tous les recoins de la maison , il
découvrit certaine serre détournée & très-
obscure , jonchée de paille & de foin ; cet
endroit lui parut tout propre à ses désirs , &
sans trop faire des meubles , un inventaire ,
que les ténèbres rendoient difficile, le Péda-
gogue chrétien le choisit , & fit signe à son
Elève de s'y rendre sans éclat. Etant entré
aussi-tôt après lui , ils fermèrent la porte , &
se mirent en devoir de besogner , croyant
bien que dans cet antre ténébreux , ils ne
pouvoient être vûs que de Dieu seul. Ils se
trompoient. Un misérable Capucin harassé

d'une longue course, étoit couché tout de
son long & à moitié enterré dans la paille, où
il digèroit & exhaloit les premières fumées
d'un vin bien pris & mal cuvé. Le Jésuite
dans le premier transport amoureux, prit sa
Nymphe, la coucha doucement à terre, &
la plaça si adroitement, que ses deux cuisses
d'albâtre à moitié ouvertes & placées sur le
nez du Capucin endormi, lui faisoient une
jolie paire de lunettes. Tout alloit bien, malgré cela : le P. Dés Archanges, plongé dans un
sommeil létargique ne se réveilloit pas ; mais
par malheur, sa misérable barbe se trouva
prise entre l'enclume & le marteau, & les
terribles secousses que lui donnoient les deux
Forgerons, en allant & venant, lui en ayant
tiraillé & ensuite arraché quelques crins
plus longs que les autres, le Moine se réveilla
en sursaut. Pour sauver l'honneur de son
poil, & se débarrasser de ses lunettes posti-
ches, il donna un si grand coup de collier,
qu'il désarçonna le malheureux Cavalier, &
fit faire un cri douloureux à sa monture.
Surpris du prodige, les deux Agens se levè-
rent en frémissant. A l'aspect du monstre
barbu, le Jésuite crut voir saint Ignace, les
armes à la main, pour punir son apostasie ;
mais reconnoissant que ce n'étoit qu'un
chétif Capucin, aussi effrayé que lui-même,
qui avoit causé ce vacarme & interrompu
ses plaisirs, il se jetta avec violence sur le
pauvre Disciple de saint François, & le pu-
nissant par l'endroit par lequel il avoit été
offensé, secondé d'ailleurs de Lili, ils lui

arrachèrent toute sa barbe poil à poil , & dans deux tours de main , le malheureux vit son menton , aussi fraîchement tondu , que celui d'un jeune Prieur Génovefain. *Inde prima mali labes.* Après cet attentat , il fallut bien quitter le logis , de peur d'un plus grand scandale , & regagner la maison Collégiale. Le Capucin épilé les suivit , s'informa du nom du Religieux & de l'Ecolier , & dès ce moment , jurant une haine implacable à la Société , il se promit bien de ne pas laisser au Ciel tout le soin de sa vengeance. Il en trouva trop les moyens , dans tout ce qu'il avoit vû. Rien ne lui étoit échappé ; l'embarras des deux Champions , le désordre dans lequel il les avoit surpris , ne lui laissoient aucuns doutes sur le genre de bataille , où il avoit perdu les premiers brins de sa toison. Le premier essai de sa vengeance , sitôt qu'il qu'il eut tous les éclaircissements nécessaires , fut d'écrire au Père de Lili , & de lui détailler sa triste aventure , de façon à ne lui point laisser douter quelle espèce d'éducation sa progéniture recevoit chez les Révérends Pères. Dom Feroquiers n'en avoit pas la moindre crainte , & bien loin de se rallentir dans sa course , il travailloit de plus en plus à réparer le malheur du Moulin-Janséniste. Mais il étoit dit que ce couple charmant ne seroit jamais tranquille. Les beaux cœurs seront-ils toujours malheureux ?

Un incident qu'ils auroient dû prévoir , & cependant qu'ils avoient prévu le moins du monde , changea la face de leurs affaires. Lili étoit nubile. Certaine tumeur, certain embonpoint survenu à la jeune Vierge, fit faire de terribles réflexions au Progéniteur, & lui procura d'aussi cruelles nuits, qu'il en avoit passé de douces avec elle. Maux de cœur, petites coliques, envies de tout, & goûts plus fantasques l'un que l'autre, se succèdoient à l'infini. Comme c'étoit une chose inouie chez ces Révérends Pères qu'un enfant élevé sous leurs yeux, acquît tant d'embonpoint par devant, au grand préjudice du derrière, soudain toute la Faculté fut mandée. Les uns dirent, que Lili pourroit bien avoir le *ver solitaire*; les autres soutinrent que c'étoit des *affections hippocondriaques*: Tronchin assura que l'enfant étoit menacée d'une petite vérole dangereuse, & qu'il falloit l'inoculer au plutôt: Marteau dit tout net, qu'il y avoit obstruction dans le *foie*, *la ratte*; que le *mésentère*, le *diaphragme* & une partie du *duodenum* étoient affectés: le pédant Chomel, jura par le pieux Evêque d'Ypres, qu'il y avoit un germe de *virus vénérien*, & il ordonna les dragées du Charlatan Keyser: Chacun en un mot opina à sa fantaisie, parce qu'il étoit payé pour opiner, ordonna des remèdes, tous opposés les uns aux autres; la jeune Mère les prit tous & n'en créva pas, ce qui fait voir combien on crie injustement quelquefois contre les Médecins & la Médecine. Cependant l'enflure augmentoit à vuë d'œil: un autre Médecin fut envoyé par les Amis du Père; il étoit Janséniste. Réfléchissant que l'enfant étoit

joli, & qui pis eſt dans un Collège de Jéſuites, il alla d'abord, ou peu s'en faut, au
fait. Il demanda, ſans affectation, qu'on lui
permît de viſiter le malade & de l'interroger
en particulier; il ne doutoit nullement que
Lili ne fut du ſexe dont elle paroiſſoit être;
n'ayant aucun intérêt à le vérifier, il ne
pouſſa point ſon enquête plus loin que le
cap qui ſe forme entre deux promontoires
poſtérieurs, aſſez voiſins de l'os ſacrum, &
que l'honnêteté m'empêche de déſigner plus
clairement. Le fruit étoit preſqu'à ſon terme:
l'émotion que cauſa à l'Ecolier-Mère la vue
& l'enquête du Docteur rébarbatif, occa-
ſionna une révolution dans toute la machine,
qui ſe démonta. Les premiers cris qui ſuivi-
rent les premières douleurs, quelques con-
vulſions peu équivoques, mille autres ſymp-
tomes enfin ordinaires en pareil cas, firent
ſoupçonner la groſſeſſe, & même un accou-
chement prochain. La jeune Mère ne tarda
pas à ſe délivrer entre les mains du Docteur-
Matrône; mais ce qui confondit extraordinai-
rement les idées des Jéſuites préſents, du
Médecin & de trois garçons Apothycaires,
c'eſt que l'enfant vint au monde à l'ordinaire,... Oui,.... Comme viennent les enfants..., par devant en un mot, s'il faut le
dire, & non du côté oppoſé, comme on
avoit lieu de l'attendre.

Les Révérends Pères ne furent pas peu
ſurpris de l'aventure, mais froſt peu humi-
liés du ſcandale. Il ne falloit que quelques
aventures pareilles, & à la ſuite de celle du

Père Girard & de la Cadière , pour rétablir
un peu leur réputation , & les mettre en
bonne odeur auprès du beau Sexe. Qui fait
même combien cela ne leur auroit pas valu
de Créatures, chez nos Dames du bon ton
& nos petites-Maîtresses ? Mais le cas étoit
neuf, pouvoit tirer à conséquence. De mé-
moire d'hommes, on n'avoit oui dire, qu'un
enfant eût pris naissance dans un cloître Jésuitique. C'étoit une infraction manifeste aux
Statuts de l'Ordre, & il importoit de connoître & de punir le violateur, & bien moins
du délit en lui-même, que du scandale
qu'il occasionnoit. En conséquence grand
Chapitre fut tenu. Le Jésuite dénonciateur,
n'en fut pas cru sur sa parole..... C'étoit une
horreur, qui ne pouvoit entrer dans l'esprit ;
puis en supposant la vérité du fait, combien
d'autres points à éclaircir ? Quel étoit ce prodige ? Un Garçon devenir Mère ! Étoit-il mâle
ou femelle, ou tous les deux à la fois, mais
à demi ? Cela méritoit bien une ample in-
formation : pouvoit-on prononcer, sur un
fait de cette conséquence & presqu'incroyable, avant de l'avoir bien constaté ? Puis, en
supposant que la maternité de l'une fut bien
prouvée, quel étoit le Père ? Il fut donc con-
clu, à la pluralité des voix, qu'avant d'avancer
plus loin, sans s'en rapporter aux dépositions
malignes du Médecin *hérétique*, le sexe de
la Mère seroit vérifié par quatre Notables,
& des plus dignes de foi : bien entendu qu'il
leur seroit enjoint de ne point en croire trop
légèrement leurs yeux, mais d'y ajoûter

quelquefois le témoignage moins équivoque de la main.

Dès l'inftant grande difpute, grand altercas entre les vieux Aréopagites, à qui feroit choifi pour la vérification du fexe de l'aimable *Androgine*. Chacun s'en difputoit la commiffion, fe prétendoit plus éclairé fur ces matières, & recufoit les lumières de fon Confrère. L'un avoit la vuë trop foible; l'autre, le tact trop groffier; un autre, quelqu'autre chofe. On s'en rapporta aux loix du fort, & ceux qui ne furent pas du nombre des Elus, ne maudirent jamais tant fes Arrêts. Les quatre Députés fortis en diligence, le Sanhédrin, en attendant leur retour, reftoit à bâiller, les plus jeunes à donner carrière à leur imagination prompte à prendre feu. Un des Jeunes-Bonnets, moins patient que les autres, trouva moyen de fortir, fous, je ne fais quel prétexte : mais bien réfolu de s'aller joindre aux quatre facrés Vifiteurs. Il fut bientôt fuivi d'un autre, à qui l'eau étoit également venue à la bouche. D'autres vinrent à la file, comme s'ils s'étoient donné rendez-vous, & rougiffoient de fe trouver tous comme de concert, dans la chambre de l'Accouchée. Le Préfident du Chapitre indigné de cette défertion, dépêcha un Vieillard après ces Maraudeurs, pour les raffembler au drapeau : celui-ci en groffit le nombre; le Révérend Père Renaud, avec fon air & fa marche didactique fut envoyé après lui, le ratrappa à la porte de la chambre des enquêtes, fourit, & on n'entendit plus parler

de

de lui ; bientôt un troisième, un quatrième
fut dépêché : bref le Provincial lui - même
& ses Assistants restèrent presque seuls. Après
s'être regardés quelques-temps , non sans
faire un éclat de rire peu canonique, tous
enfin enfilèrent le même chemin, ou pour
mieux dire, se précipitèrent tumultueusement
dans la chambre de Lili, & se rejoignirent
gaiement aux autres. Pour lors, il fallut bien
procéder plus en forme.

On fit allumer un grand feu , auprès duquel fut dressé un lit à la hâte, pour y
exposer l'Enfant & la Mère : elle fut dépouillée,
comme si ces saints serviteurs de Dieu, eussent voulu, une seconde fois en faire une
Chrétienne. Tous les Pères étoient rangés méthodiquement autour de la table ; les Vieil-
lards en besicles , formoient le premier rang,
attendu l'infirmité naturelle de l'âge ; les Jeunes
se placèrent derrière eux. Mais ils n'y perdirent
rien. Lili, belle de ses attraits , & sans autre
ornement que ceux de la nature, après avoir
été long-temps examinée , palpée, fut portée
de main en main, & son charmant individu
livré à la curiosité voluptueuse de ses sen-
suels Examinateurs : & croyez qu'on n'omit
pas la moindre formalité , pour se bien assurer
du fait , & n'avoir point à prononcer au
hazard. Que nos jeunes Pères se trouvèrent
contents des yeux & des mains que le Ciel
leur avoit donnés !

Il falloit pourtant quitter ce lieu délicieux :
on ne pouvoit pas toujours rester-là. On sentoit la nécessité de se rassembler de nouveau

au Chapitre; mais, le moyen de s'y réſoudre!
Pareilles bonnes-fortunes ne ſe retrouvent pas
toujours pour de pauvres Solitaires. Le Provincial, avec un air intérieur, voulut prendre
un ton Magiſtral; chacun lui rit au nez, &
lui-même rit comme les autres; il voulut
prendre ſur ſoi de donner l'exemple, il fut
mal imité. Ne ſachant plus que faire, il
ordonna à un Frère-lai, de ſonner le grand
Chapitre; il eût mieux fait de faire ſonner
le Réfectoire. il fit enfin un effort courageux
ſur lui-même, ſe ſaiſit de la jolie Poupée,
la renveloppa dans ſes draps, la rebanda,
la..... la recoucha lui-même; fit marcher
devant ſoi ſes ouailles, ferma la porte, &
prit ſur ſoi la clef.

Nos Révérends s'étant laiſſé traîner au
Chapitre, à peu près comme des Ecoliers
poliçons ſe laiſſent conduire à la Préfecture,
on remit une ſeconde fois l'affaire ſur le
tapis. Le fait étoit bien éclairci, le ſexe de la
Mère, bien vérifié, oh! très-bien vérifié, la
naiſſance de l'enfant bien conſtatée; il s'agiſ-
ſoit d'en découvrir le Père. Par bonheur pour
lui, il étoit en retraite; il falloit encore dé-
cider ce qu'on feroit de ce Père clandeſtin,
& qui plus eſt, de la Mère & de l'enfant.
Le Père G......... l'un des Vénérables du
Conſiſtoire, & ſans doute l'un des ſan-
guinaires Elèves de Malagrida, opina, ſans
balancer, qu'il fallut étouffer ce ſcandale
naiſſant dans le ſang même de ceux qui en
étoient les auteurs, innocents ou coupables;
" car, dit-il, peut-il y en avoir aucuns

» d'innocents, dès l'instant qu'ils sont dépo-
» sitaires d'un secret, qu'il importe tant à
» l'honneur de la Société, d'ensévelir pour
» jamais. . . . . » Ce barbare Conseiller ne
s'étoit pas trouvé avec ses Confrères, à la
visite en forme qu'on venoit de faire : sans
doute, qu'attendri par les charmes naissants
de Lili, il eût ouvert un autre avis. Le sien,
quoique dans un Consistoire Jésuitique, parut
atroce, & fut rejetté presqu'unanimement.
Le Révérend Père P. . . ., non moins dévot,
mais plus tendre, dit, que Dieu permettoit
souvent le scandale, comme un moyen de
faire éclatter sa gloire. " Vous savez, dit-il,
» l'histoire de Loth & de ses filles, de Boos
» & de Ruth, & vous savez combien, au
» moyen d'une tournure adroite, il peut
» résulter d'avantages pour la Religion, de
» ces petits événements de la vie. Qui sait
» si Dieu n'a pas permis que même scandale
» arrivât parmi nous, pour sa plus grande
» gloire & celle de notre sainte Société :
» Mon avis est donc, que loin d'étouffer
» cette affaire, on la publie d'abord à l'oreille
» de nos Dévots & de nos Dévotes, c'en
» est assez. En lui donnant un vernis de
» miracle, je veux confondre toutes les idées
» de nos ennemis, réduire les Jansénistes au
» silence, & persuader le vulgaire de notre
» crédit auprès de Dieu. . . . Cela effarou-
» chera d'abord ; nous laisserons rire &
» parler les mauvais plaisants. Je m'y connois,
» mes Pères, ce miracle passera ; j'en ai bien
» fait passer d'autres ; je me charge de faire

„ la lettre circulaire ; je ferai intervenir si
„ adroitement le mérite de nos prières ;
„ j'étourdirai tant les oreilles du crédit de
„ S. Ignace & de François Régis, auprès
„ de la Mère de Dieu, que je veux con-
„ vertir jusqu'à des Jansénistes. „

L'idée parut bonne, mais l'entreprise, de
trop difficile exécution ; on n'osa pas s'y jouer.
En effet, les miracles ne prennent plus comme autrefois. Un autre ouvrit un avis, qui
ne fut pas le moins goûté *in petto*, sur-tout
des jeunes Pères, quoique le plus intrépi-
dement rejetté ; c'étoit de faire passer Lili
pour morte, de la transporter, de l'enfer-
mer pour toujours, dans l'intérieur redoutable de la maison, comme dans un Serrail,
pour y servir aux besoins des jeunes Pères
de la Société, à qui le Vœu de chasteté,
seroit trop pesant, ou à qui l'amour socra-
tique répugneroit trop. Vint autres avis furent proposés à la file, tous aussi sensés &
aussi également improuvés, & nos Béats
restoient plus irrésolus que jamais, lorsqu'un
nouvel incident les tira d'embarras, pour les
rejetter dans un plus cruel. La Société sera-
t-elle toujours persécutée ? ... Ainsi l'Eglise
est toujours militante.

Dans le tumulte & la confusion, les Pères
n'avoient pas eû l'attention de demander le
secret au Docteur-sage-femme, ou de l'ache-
ter, supposé qu'un Janséniste eût cru pouvoir
vendre un tel secret, sans trahir la bonne
cause & l'intérêt du Ciel. Craignant pour
lui quelque catastrophe tragique, il s'étoit

échappé subtilement, & avoit couru en diligence chez l'Ami du Père de Lili, qui l'avoit
mis en œuvre. Le bon Malouin, sur les avis
réitérés du vindicatif Capucin, avoit pris la
Poste, & par hazard, venoit de descendre
chez son Ami. Le Capucin y fut aussi-tôt
mandé. Il étoit déjà à instruire le Bas-
Breton, de tout ce qu'il savoit & ne savoit
pas sur le compte du pauvre Feroquiers & de
son Elève, lorsque le Médecin, qu'on n'attendoit point, arrivant tout hors d'haleine,
par ses propos entrecoupés & son silence
même encore plus cruel, acheva de porter
le trouble & l'effroi dans l'ame du trop sensible Père. Mais ce fut bien pis, lorsque
d'un ton animé par la grace, & avec une
éloquence dont saint Augustin prêtoit, sans
doute les traits de feu à son fidèle Disciple,
il fit un rapport, où rien ne fut oublié de
tout ce qu'il avoit vû, de tout ce qui s'étoit
passé sous ses yeux de plus atroce. Chaque
mot portoit le fer & la flamme dans le cœur
du colère Malouin. Sa première idée fut de
se transporter sur le champ au Couvent des
Pères, d'y poignarder sa fille, son infame
corrupteur, & tout ce qui se seroit offert à ses
coups. On lui fit sentir qu'il n'y feroit pas
bon pour lui, & que d'ailleurs, l'innocente
victime de la lubricité d'un Moine, ne
pouvoit partager la punition de son crime,
sans un crime plus atroce. Le meilleur conseil qu'on lui donna & qu'on l'obligea de
suivre, fut d'aller porter plainte au Lieute-
nant de Police, d'en obtenir une Lettre de

cachet & main-forte pour enlever sa fille ; supposé qu'on fit quelque résistance. Il venoit d'obtenir cette Lettre ; ainsi avec son renfort & son Capucin qui triomphoit cruellement, Il arrivoit au Collège, lorsque nos Pères étoient encore à bâiller sur leurs bancs capitulaires & à opiner du bonnet. Sa vuë terrible, son air farouche, les affreux Satellites qui l'appuyoient, & sur-tout l'ordre dont il étoit muni, pour la personne qui faisoit l'objet de leurs délibérations, glacèrent d'effroi tous les tristes Consulteurs claustraux.

Les Jésuites sont assez soumis aux ordres des Princes, quand ils ne sont pas les plus forts ; aussi loin de faire aucune résistance, ils se prêtèrent à cet enlèvement juridique, avec une bonne grace & une docilité méritoire. Mais on est toujours si injuste à leur égard, qu'à coup sûr on leur en tint peu compte.

La jeune Mère & son fruit précoce, bien & duement empaquetés, & le furieux Grand-Père toujours escorté de son fidèle Capucin, remontèrent dans leur brouette, & fouettèrent vers le logis de leur Ami. Là, après que chacun eût un peu exhalé sa bile en réflexions & en apostrophes peu honorables pour la Société, on tint Conseil de guerre. Le nouveau Père-Norbert, à qui le courage étoit revenu comme à Samson, en même temps que sa criniere, triomphoit à proposer les partis les plus sanguinaires. Jamais ses bons amis les Jésuites, n'en eussent pris de plus cruels contre lui, s'ils eussent sû les services qu'il leur avoit rendus, & s'ils l'eussent tenu entre leurs mains.

Le Marin n'entendoit pas un mot de tout ce qu'on difoit, fe confultoit à - part - foi, méditoit quelque deffein funefte, & ne prenoit confeil que de fa vengeance. L'un de fes foins les plus prudents, fût de tirer de fa fille éplorée & mourante, la vérité & toutes les circonftances de fon malheur. Son Amant, qui étoit au fait du badinage, en vieux Routier, l'avoit prévenuë de longue main, & lui avoit fifflé fes réponfes, pour le moment où on la mettroit à la queftion. Elle avoua donc tout ce qu'elle ne put nier, & garda fur le nom du féducteur, un filence religieux, qui fait honneur à fon âge & à fon fexe. Le Capucin queftionnaire à brevet, enrageoit dans fon ame, & fuoit horriblement dans fon harnois monachal, au grand préjudice de fa barbe, qui en fut horriblement dérangée, & s'allongeoit à vuë d'œil. Enfin, foit efprit de charité, amour du bon ordre, ou reffentiment d'avoir été fi *traîtreufement* épilé, le Prédicateur politique fit de fi grands frais d'éloquence, mit tant d'onction dans fa ré-thorique, jetta tant de fcrupules dans le cœur de la jeune Mère, en un mot, lui imprima de fi noires terreurs des tourments du pays d'outre-monde, que la trifte Ariadne pro-nonça timidement le nom du Théfée, qui l'avoit fi indignement abufé. Celui-ci n'avoit pas trop compté fur la difcrétion de fon In-fante. Plus jaloux de mettre fa tête crimi-nelle à l'abri de l'orage, que de groffir le catalogue fecret des Martyrs de la Société, à côté de faint Guignard, &c. il avoit été se jetter aux pieds du Provincial, avouer son crime, demander pénitence, ou pour mieux dire, un exil. Il ne falloit rien moins qu'un exil en effet, pour le souftraire à la fureur du fougueux Bas-Breton; encore même peu s'en fallût-il que la précaution ne devînt inutile. Sa *Beatitude*, après l'avoir chapitré d'importance, lui donna son obédience pour Rome: il eût même une commiffion secrette pour gérer les affaires de la Société, & son forfait lui acquit en un moment, une confidération & un dégré de faveur, que vingt ans de services & mille vertus ne lui auroient pas mérité. Au reste, rien de plus naturel: s'il y a des crimes heureux, ce doivent être ceux de l'Amour. Il partit donc en secret & très-brusquement, pour Rome la sainte, très-content de sa destinée, & dans l'équipage cavalier qu'ont pris avec bien moins de raison, tant de bons Janséniftes, soi-difant perfécutés, quoique le Miniftère ne les eût jamais connus, & n'eût jamais pensé à eux.

On eût soin de le faire paffer pour mort: on fit même ses obfèques publiquement. Enforte qu'il eût pû dire, qu'il ne s'étoit jamais si bien porté, ni trouvé si gaillard, que le jour de son enterrement. Bientôt le Malouin accourut au Collège, avec des Sbires, & un ordre pour l'arrêter. On ne répondit à la pancarte Royale, qu'en montrant l'extrait mortuaire du défunt Feroquiers, & la lettre circulaire, compofée par l'élégant Père P.... qui excelle dans ce genre d'éru-dition; aussi lui attribue-t-on celle qui a

couru sur le martyre du bienheureux Malagrida.

Cependant personne ne fut la dupe de ce
trépas précipité. On sait que les Disciples
d'un Maître plein d'indulgence , ne se pi-
quent pas envers leurs frères criminels &
malheureux, d'autant de sévérité , que les
séraphiques rejettons du sanguinaire saint
François. La raison en est simple. Ces Ordres
dont le plan politique est très-borné , n'ont
besoin en effet que de bons sujets. Dans
l'Ordre de Jésus , tout est bon, le savant,
l'ignorant, le noble , le rôturier , le philo-
sophe , le fanatique , l'homme vertueux , le
scélérat , tout trouve sa place ; il faut de tout
cela ; rien n'est de trop ; & l'édifice manque-
roit , si l'on en détachoit la plus petite pierre ,
celle qui paroît la plus inutile.

Notre Capucin , qui étoit toujours aux
aguêts , découvrit bientôt la fourbe pieuse ,
& la fuite de son Rival. Il voulut se charger
du soin de la vengeance commune (tant étoit
grande sa charité) & poursuivre leur ennemi
jusques dans son fort , au milieu de Rome
même. Mais le Marin qui tenoit ses coups
bien plus sûrs que ceux d'un Capucin , ne
voulut s'en fier qu'à lui-même. Il prit la
Poste , traînant avec soi , sa fille , un peu
rétablie de son accident , & toujours son
éternel Capucin, le P. Des Archanges. Il fit
une diligence incroyable , créva tous le che-
vaux de la Poste , manqua son ennemi de deux
heures , lorsqu'il étoit prêt à s'embarquer ,
& en conçût tant de chagrin , qu'il en créva.

lui-même, lui vingtième; j'entends dix-neuf mazettes & lui bien contrit & bien confessé! Ce ne fut pas, comme on pense, sans avoir recommandé, en larmoyant sa fille, & le soin de la vanger au Moine, qui prit assez gaiement la charge d'une fille & d'un procès en Cour de Rome. Il ne faudroit que la moitié de cet embarras pour faire tourner la tête la plus saine. Mais une tête séraphique n'est point faite comme une autre. Si la conduite du Procès avoit ses chagrins, ses embarras: celle de la fille avoit ses douceurs. Aussi le nouveau Tuteur se promit-il bien de balancer l'un par l'autre, & de cueillir les roses, puisqu'il lui falloit arracher les épines.

Rien de si tendre d'abord que ses empressemens, rien de si burlesque, que ses airs cavaliers auprès de la jeune Nymphe, & rien de si gaillard, que ses premières propositions. En succédant au Père naturel, il avoit en quelque sorte succédé à sa fortune, qu'il avoit entre les mains, & dont il fit bon usage; car dépouillant son harnois grotesque, pour plus de décence, il endossa les habits du défunt, prit son argent, & se rendit cette justice, qu'un cavalier, quoique barbu, est toujours quelque chose de plus ragoûtant qu'un Capucin. Tout alloit bien jusques-là; ce travestissement pouvoit avoir pour objet d'éviter le scandale; mais il portoit ses prétentions plus haut. Peu content de succéder au Père de Lili, le Bulgare vouloit encore succéder à son Amant. Jamais projet ne fut plus chimérique, ni moins heureux. Lili connoissoit son homme, n'avoit point oublié l'aventure de la crèche, & que c'étoit ce même Bouc, qui retirant avec violence, sa barbe prise dans le plus joli traquenard, lui avoit fait jetter des cris si douloureux & si aimables. Depuis cet instant, elle avoit conçû, pour tout animal portant barbe & partant pour tout minois de Capucins, la haine la plus implacable; & son ame en souffrira au jour des vengeances, si Dieu ne lui pardonne en ce monde ou en l'autre. Aussi on ne sauroit s'imaginer avec quelle dureté elle reçut les propositions gaillardes de son Adonis barbu. Il en perdoit la cervelle, & résolut d'en passer son envie; il étoit prêt à en venir aux derniers efforts, à quelques lieuës de Rome, lorsque Lili craignant quelque violence (car on n'est pas toujours d'humeur à se laisser violer) se déroba secrettement de lui, pendant la nuit, & prit la fuite avec ce qu'elle pût sauver des débris de sa fortune. Suivie d'un seul valet de son Père, elle se rendit donc à Rome, pour y implorer la protection du saint Père, non contre son Amant, à qui son cœur pardonnoit en secret le petit outrage qu'il lui avoit fait, mais contre le Satyre lascif, qui l'avoit voulu boucanner, & lui réceloit la plus grande partie des meilleurs effets de son héritage.

Lili arriva à pied, & vers le midi du plus beau jour, au Fauxbourg de la Ville sainte, suivie & ennuyée de son fidèle Ecuyer babillard, dévorée d'inquiétude, de douleur, & si j'ose le dire, le cœur brûlant d'amour & palpitant

de tendreſſe. Dans ſa détreſſe , c'étoit toujours quelque choſe., d'être plus près de qui
l'aimoit. Car enfin, que lui avoit fait ce
malheureux Jéſuite , pour mériter ſa haine?
En quoi étoit-il ſi criminel envers elle ? Etoit-
ce de lui avoir appris le pouvoir de ſes charmes, de lui avoir rendu les premiers hommages dûs à ſes beautés , enſeigné quelle
étoit ſa véritable deſtination en ce monde,
ou de l'avoir ſoulagée du peſant fardeau d'une
innocence incommode , & qu'il faut bien
perdre tôt ou tard? Falloit-il, plus barbare
que ſon Père , hériter de ſon reſſentiment,
en héritant de ſes biens : pour les petits torts
imaginaires d'un Amant chéri, pourſuivre ſes
jours , & le punir enfin de lui avoir donné
les premières leçons d'un plaiſir qu'on n'ache-
teroit jamais trop cher, quand il en coûteroit
chaque jour mille virginités ? Elle ſe diſoit
tout cela , & bien autres choſes encore ;
l'honneur cependant venoit quelquefois à la
traverſe, lui porter aux yeux, un flambeau,
qu'elle repouſſoit ; ces beaux préjugés de pudeur & de vertu livroient quelques aſſauts à
ſon cœur bien attaqué, mais mal défendu ;
une ſeule réflexion, la faiſoit bientôt triom-
pher de tous ces tyrans domeſtiques ; elle
oublioit tout, lorſqu'elle ſe rappelloit que chaque pas qu'elle faiſoit, la rapprochoit de ſon
Amant. En effet , il étoit bien doux, bien
conſolant pour une Orpheline pauvre, dé-
laiſſée, au milieu d'une terre étrangère, de
trouver qui daignât eſſuyer ſes larmes , ou
lui en fît verſer d'une toute autre eſpèce,

mais

mais d'une bien plus plaifante façon. Car , comme on dit bien, *le changement d'af-fliction eft furcroît de confolation.*

Une des plus grandes qu'elle reffentit au milieu de fes infortunes , c'eft que fe voyant en terre papale , elle fe crut pour toujours à couvert des attentats du Faune barbu , qu'elle fuyoit comme autrefois Daphné , le lugubre Dieu de la Médecine. Notre Pélerine , comme je l'ai dit , haraffée de fatigues , fe hâta de defcendre dans la première Hôtellerie qu'elle trouva. La chaleur étoit exceffive , & comme elle avoit plus befoin de repos , que d'autre chofe , remettant à fon réveil , à pourvoir à fes autres befoins , elle fe précipita dans la première chambre & fur le premier lit qui fe rencontra. L'efprit étoit chez elle , auffi fatigué que le corps ; auffi fut-elle long-temps fans pouvoir fe livrer aux douceurs du fommeil. Le Père Feroquiers lui revenoit fans ceffe dans la tête , & achevoit d'accabler & de déchirer ce cœur malheureux , déjà la victi-me de mille fentiments tout oppofés. . . . . Je le verrai , oui. . . . c'eft bien vrai , je vais le voir. . . . Ah ! . . . Mais fera - t - il fidèle ? . . . M'aime-t-il toujours ? . . . Sera - ce ce mêmi Amant , fi tendre , fi fou , fi charmant , qui craignoit toujours de ne pouvoir me donne affez de preuves de fon amour ? . . . Ne feroit il arrivé aucun changement dans fon cœur , dans toute fa perfonne ? . . . Le climat de Rome n'a-t-il pas influé fur fon tempéra-ment ? . . . car le tempérament. . . Mais non. . . Que je fuis folle ! . . . Sans doute il eft tou-

jours le même. Qu'il va être content ! Que
je vais le trouver tendre, passionné !... De
quelle volupté il va enivrer mon ame !
Que je vais être heureuse !... Non, rien
n'égale mon bonheur !...

On dit que les jeunes filles passent bien
cruellement les dernières nuits qui précèdent
cette nuit si terrible, si lente à venir & si
hâtée par leurs désirs secrets, qui doit voir
mourir leur virginité & naître pour elles, une
source inépuisable de plaisirs. Notre Lili étoit
à peu près dans le cas, ou il s'en falloit bien
peu de choses ; à-ça-près du petit accident
du Collége, c'étoit presqu'une fille toute
neuve, & grace à l'adresse des Matrônes
expertes de Paris, plus d'un fin connoisseur
qui fait le Gascon, malgré ses lunettes, y eût
été trompé, & l'eût employée pour Pucelle.
Mille autres ont été livrées pour telles, qui
ne l'étoient pas tant de la moitié. Mais qu'elle
le fut ou non, & c'est bien peu de chose dans
le fond, ce qu'il y a de certain, c'est qu'elle
avoit par devers soi, un échantillon de ces
plaisirs, dont une jeune Vierge n'a qu'une
idée telle qu'elle, & que le long jeûne irritoit
son appétit. Or, qui désire, souffre. Mais on
a beau être malheureux, il faut pourtant à
la fin faire comme les autres, satisfaire aux
nécessités de la vie ; boire, manger & sur-
tout dormir, comme le plus heureux Piéplat
de ce bas-monde. Aussi notre infortunée
dormit-elle, non d'un sommeil aussi délicieux
que dans les bras de ce qu'elle aimoit.

Morphée eût beau être libéral de ses pavots,

le cœur qui ne dort jamais, sentoit tous ses besoins, & se disoit tout bas, qu'il lui manquoit quelque chose, & que l'amour auroit bien dû se mettre de la partie, pour completter le bonheur d'une mortelle trop sensible. L'image du Père Feroquiers, la poursuivoit, non pour lui faire savourer, au moins en idée, une partie de ces voluptés fantastiques, trop souvent fort au dessus de la réalité : mais pour achever de combler le trouble & la douleur de cette jeune ame, tendre & déjà trop déchirée. Il lui sembla dans son rêve, qu'elle avoit retrouvé cet Amant si cher. Mais au moment que toute palpitante de tendresse, elle se précipitoit dans ses bras, & alloit lui arracher quelques-unes de ces roses mêlées d'épines, dont l'Amour couronne ses favoris, une bête hideuse, de taille & de figure éléphantine, plus veluë que toutes les chèvres de la Sicile, & sur-tout le menton ombragé d'une barbe épaisse & ténébreuse, étoit venuë se jetter entr'eux deux, en présentant un poignard à son Amant. Ce monstre, après l'avoir saisie par le milieu du corps, la serroit étroitement, de façon à lui ôter la respiration, la traînoit & vouloit la coucher de force sur un Autel, sur laquelle on voyoit une image de Vénus. La rage étoit peinte dans ses yeux, & le barbare vouloit immoler cette tendre victime en sacrifice à la Déesse redoutable, mais la résistance étoit égale à l'attaque, & déjà même le sang couloit de quelques légères blessures, au gré du Sacrificateur & de la Déesse,

lorsque l'Amour fondant du haut des airs,
sur le Ministre infame, elle le vit fuir, & lui
lancer un regard menaçant. L'Amour indigné
le poursuivit à coups de fléches, l'atteignit,
s'élança sur lui, le renversa sans vie aux pieds
de la victime,

Et le songe finit par un coup de tonnerre.

Ce qui inquiétoit le plus l'aimable rêveuse
en ces songes, c'est que dans les traits de
ce monstre qui la poursuivoit, elle crut découvrir ceux de son cruel persécuteur, le très-
odieux Père Des-Archanges. Cela n'étoit pas
propre à calmer le désordre de ses sens. Bien
loin de cela, elle se trouva dans une si grande
agitation, des efforts violents qu'elle avoit
faits pour se souftraire à sa furie, qu'elle se
réveilla en sursaut. Comme elle se sentoit
également oppressée d'un poids extraordi-
naire, & que le réveil n'avoit presque rien
changé à sa situation, elle tâcha de rappeller
ses sens, encore plongés à demi, dans une
inertie léthargique. Elle attribua son incommodité à la position dans laquelle elle s'étoit
endormie. Mais étant parfaitement réveillée,
& sentant quelqu'un qui la serroit étroitement,
& l'accabloit du poids de tout son individu,
comme le spectre du songe, & qu'enfin c'étoit
véritablement un corps, & non une ombre, à
qui elle avoit affaire, elle se débattit avec violence, & dans un mouvement qu'elle fit,
sa main se trouva entrelacée, & comme en-
chaînée dans un tissu de crins très-épais &
très-difficiles à éclaircir. Elle poussa un cri

perçant, qui fut entendu de toute la maison, & demanda du secours : elle eût même le courage de tirer le rideau pour voir quel ennemi elle avoit à combattre, & si c'étoit une chévre ou un homme : car elle ne doutoit pas que ces poils gris & serrés n'appartînssent à quelque menton, & ce menton à quelqu'animal à deux ou à quatre pieds. Mais quelle ne fut pas sa surprise, sa douleur, son désespoir de retrouver dans le monstre de son rêve & de son réveil, son abominable Capucin, qui par ses efforts lascifs, & des secousses de taureau, cherchoit à se procurer à peu de frais le paiement de ses peines, & le soulagement de son amour. Il avoit suivi son inhumaine, depuis le moment de sa fuite nocturne, & ne l'avoit pas perdue de vue. Il s'étoit informé exactement de la route qu'elle tenoit, dans tous les endroits par-où elle passoit : il étoit même descendu peu après elle, dans le même logis qu'elle occupoit. Lili avoit oublié de déguiser son nom & sa marche ; mais elle avoit eu la précaution de se barricader en dedans, sans trop savoir pourquoi elle prenoit cette précaution : elle lui étoit devenue inutile ; le Capucin avoit tant rodé, qu'il avoit découvert une fenêtre de la chambre, qu'elle avoit laissée entr'ouverte. Il chercha le moyen de s'y guinder, sans être vû de personne, & le trouva sans autres frais, que ceux d'une échelle qu'il traîna vers cet endroit ; il entra doucement, mais assez long-temps après Lili, pour ne pas craindre de la trouver éveillée. Après un court examen, il reconnut que la Belle étoit dans son premier somne. Il entr'ouvrit un rideau, & vit qu'elle étoit dans cette attitude naturelle, où chacun aime à trouver une Cruelle, & dans un désordre à inspirer des desirs fripons, fut-ce même au Pape de Rome. L'occasion étoit trop favorable pour un Capucin, & un Capucin maltraité. Il prit son parti sur le champ, & se mit en devoir de vérifier si le Père Feroquiers étoit bien excusable d'avoir fait une infraction à ses vœux, & si la Nymphe valoit bien un péché mortel. Après tout, avec des débiteurs de mauvaise foi, est-ce un si grand mal de chercher à se payer par ses mains ? Il avoit donc soulevé légèrement les couvertures, les draps, &c. &c. &c. écarté tout ce qui servoit d'obstacle à sa félicité, ou pouvoit lui en dérober une partie ; il avoit même procédé méthodiquement, & ce n'étoit que par gradation, qu'il en étoit venu au point de mettre sa Vénus dans l'impossibilité de refuser ses sacrifices, & les voluptueses impulsions de sa tendresse. Le cœur tout *panthelant* d'aise, d'amour & de crainte, il s'efforçoit donc doucement.... doucement... d'entrer dans la carrière du bonheur, sans réveiller celle avec qui il vouloit le partager, afin qu'il fut dit d'elle, que les biens lui étoient venus en dormant. Il touchoit enfin au terme, il ne manquoit guère que la dernière façon à sa félicité suprême, lorsque le Lili s'étoit réveillée. Surpris & désesperé de ce contretemps, il sentit qu'il lui importoit de doubler le pas, s'il vouloit arriver au gîte.

Il piqua donc des deux , redoubla d'efforts ,
& se hâta d'être heureux. Il ne le fut qu'à
demi : tant de courage cependant méritoit
une autre destinée. Lili par un haut-le-corps,
peu refléchi sans doute , car le plaisir vaut
toujours son prix , de quelque part qu'il
vienne , Lili , dis-je , au moment où elle alloit
peut-être perdre les étriers , & n'être plus
maîtresse des rênes , les fit perdre à son Cavalier , trop peu ferme sur les arçons de la
selle. Ses cris redoublés attirèrent tout le
monde de l'auberge , & sur-tout son lourdaut
de valet à moitié ivre , & tandis qu'on ac-
couroit , qu'on enfonçoit la porte , trop bien
& trop mal-à-propos barricadée , le Capucin
après avoir tranquillement fourni sa carrière,
reprit le chemin de la fenêtre , redescendit
par le même escalier , s'enfonça dans la Ville,
& ne reparut plus. Dieu lui fasse paix , à lui
& à tous ceux à qui le Ciel n'envoie pas de
si douce aventure.

Il est de la bienséance qu'une femme
s'évanouisse à la suite d'un tel combat , &
tout au moins de saisissement , ou de colère ,
quand ce n'est pas d'autre chose. Lili savoit
trop bien l'étiquette pour y manquer. Elle
s'évanouit donc. Il auroit pourtant mieux valu
que c'eût été avant le cas. Je connois force
gentes Bachelières , qui ne se le sont pas fait
répéter deux fois. Chacun y trouve son compte.
Pour moi, du moins, j'y trouverois le mien.

L'hôte , l'hôtesse , servantes , valets &
toute la megnie , qui n'avoient point vû le
Capucin , & avoient trouvé la porte barri-

cadée, ne favoient que penfer de cette aventure. Le feul valet de Lili, remonta à la
fource du mal & le devina. En rodant autour de fa Maîtreffe, pour lui porter des
fecours, il s'apperçut que fa blanche main
étoit couverte, & le lit hériffé de certain
duvet, qui n'étoit point la couleur favorite
de la Belle ; cependant cela n'étoit pas-là fans
raifon, & n'étoit point tombé du Ciel. Le
Manant, malgré la circonftance des barricades,
rapprochant cette idée, avec certain défordre
qui régnoit encore dans l'habillement de Lili,
& fon évanouiffement fubit, à qu' il ne
donna pas une interprétation trop fav uble,
conjectura qu'il s'étoit donné un grand combat : & que ces toifons laiffées fur le champ
de bataille, étoient des dépouilles de l'ennemi
& le trophée de la victoire, ou gagnée ou
bien difputée. Cette réflexion, les idées plai-
fantes qu'elle amena, & plus que tout cela
encore, une fuite de ce même défordre, où
le Capucin avoit laiffé Lili, mirent cette ame
ruftique en bonne humeur. Par hazard pour
lui, Lili avoit befoin de quelques chofes,
qu'elle n'avoit pas la force de demander ;
elle ferra fa main tremblante ; & ce fut pour
lui un coup de poignard, qui acheva de le
percer jufqu'au tuf de l'ame. Inquiette du parti
qu'avoit pris le P. Des-Archanges, & craignant qu'il ne fut caché dans fa chambre,
la tendre Lucrece, faifoit mille queftions,
auxquelles l'hôte & l'hôteffe charitable ne
comprenoient rien. Ce fut le mot de
l'énigme pour le valet ; il comprit tout de

suite, que le Moine étoit le Tarquin de la Belle, qui venoit d'être *tantalisée :* & qu'un autre peut-être seroit moins malheureux, s'il étoit moins désagréable... Le silence religieux que la Bergère observoit sur le nom de son perfide, sa douceur dans ses plaintes modestes, l'assuroient aux moins de la conduite dont elle se piqueroit envers tout autre téméraire moins odieux. Il résolut donc de tirer parti de la conjonĉture, & de battre le fer tandis qu'il étoit chaud. Rien de mieux raisonné que ce plan. En effet, il est un moment unique dans la vie, pour la chûte d'une Cruelle & le bonheur d'un Amant, au-delà & en-deçà duquel il n'y a plus rien à faire ; tout est dit ; pliez bagage : eussiez-vous toutes les graces, tous les mérites, tous les trésors de Plutus en partage, vous n'avanceriez pas d'un petit point, en mille ans bien révolus. Notre manant le savoit bien. La douce émotion, le voluptueux ébranlement qu'avoit causé dans tous les sens, tous les organes de Lili, le lascif disciple de saint François, lui sembla l'un de ces moments qu'on ne retrouve pas deux fois, & il étoit pressé d'être heureux. Il fit donc sentir à l'assemblée, que sa Maîtresse alloit mieux, qu'il connoissoit la nature de son mal, & que ce mal demandoit qu'elle prît du repos. Tout le monde se retira. Lui seul resta au chevet du lit de la malade. Elle avoit quelques questions à lui faire, quelques ordres à lui donner : elle ne s'offensa point de cette liberté. Il ne tenoit qu'à elle de n'avoir jamais lieu de s'en offenser. Il se

mir donc auprès d'elle, avec certain air tendre, certain trouble dans ses discours, que
Lili attribuoit à son zèle seul. Il s'informa
de son accident, comme s'il l'eût ignoré,
sans paroître vouloir pénétrer trop avant, &
proposa plusieurs espèces de remèdes, en homme qui avoit deviné son mal ; il la consola
même, & entreprit d'excuser le coupable, sur
la nature de la faute en elle - même, qui
prenoit sa source dans les charmes irrésisti-
bles de la Belle. Bientôt il offrit ses services,
sa fortune, tout ce qui dépendoit d'un serviteur zélé, & bientôt après tous les services
d'un Amant fidèle & passionné. Lili retombée
de fièvre en chaud - mal, fit attention au
discours, & mieux encore aux yeux & aux
gestes lascifs du valet amoureux ; elle frémit
sur-tout quand abusé par son silence, qu'il
prit pour un consentement, ce lourdaut eût
été avec vivacité barricader la porte, &
revint vers elle, avec la fierté d'un Amant
moins soumis que désespéré, qui trouve
l'occasion de se payer de ses peines. Comme elle étoit aguerrie, elle s'arma de
courage, & s'apprêta à soutenir ce nouvel
assaut avec une valeur & une intrépidité qui
lui parut héroïque. En pareille situation une
femme a toujours de grands avantages sur
nous, même à armes égales. Si nous obtenons
la victoire, elle est toujours imparfaite, &
peu glorieuse ; rarement les fruits qu'on re-
cueille dédommagent - ils de ce qu'ils nous
ont coûté de peines. Pour une femme, cela
est différent ; elle ne risque rien à hazarder

la bataille. Si elle gagne la victoire, elle se
couvre de gloire, & même elle ne perd pas
toujours tant qu'on le croit bien : la résistance
a ses douceurs piquantes & ses voluptés ; si
elle est vaincue, eh ! mais. … . malgré ses
haut cris, elle s'en console, & telle souvent partage son désespoir en pleurant,
dont la rougeur semble dire plaisamment ,
puissé-je avoir besoin même de semblables
consolations , & m'être trouvée à sa p'ace !

Lili apparament ne fit pas toutes ces réflexions : le Capucin , sans doute , lui avoit
donné de l'humeur. Peut-être lui sembloit-il
un peu rude d'être violée deux fois en un
jour , malgré soi, & cela par les deux plus
vilains animaux immondes. Quoiqu'il en soit,
son dernier Tarquin étant venu sur elle , dans
une attitude peu équivoque , & avec un geste
menaçant ; elle fit ce qu'auroit dû faire Lucrece en pareil cas , au lieu de s'amuser à
pleurer sa pudeur : elle répondit à la tendresse
du Manant par une démonstration de la main,
très-propre à refroidir la vivacité de la passion
de tout autre. Cependant cela ne signifia rien
pour lui ; il pouvoit savoir que l'Abbé Te-
rasson avoit besoin que sa Grisette lui donnât
le fouet, pour le mettre en humeur , & penser
que sa Maîtresse croyoit qu'il avoit besoin
lui-même de quelque caresse un peu vive
pour réveiller en lui la partie sensitive. Ce
signe équivoque, auquel maintes Soubrettes
l'avoient apprivoisé, ne le rebuta donc pas :
il n'en fut que plus ardent & plus entrepre-
nant. Les nouvelles témérités ne furent pas

plus heureuſes. Cela piqua cette ame ruſti-que : il retourna vers la porte, pour voir s'il l'avoit bien barricadée, (car c'étoit la jour-née des *Barricades*) & s'il n'avoit point à craindre qu'il vînt du ſecours à l'ennemi. Lili ſaiſit ce moment pour s'échapper de ſes mains, & ſe réfugier dans un cabinet voiſin. Un ennemi eſt bientôt vaincu, lorſqu'il prend la fuite. Le vainqueur pourſuivit ſa victoire & ſon ennemie, l'atteignit, & la renverſa ſur un grabat, que l'Amour avoit mis là tout exprès. Le vêtement de nuit un peu léger de la Belle la trahit, laiſſa voir à découvert l'endroit le plus foible qu'il falloit attaquer. La défenſe fut auſſi vive que glorieuſe. Lili s'arma au hazard de tout ce qu'elle trouva ſous ſa main ; mais à demi-vaincue, elle aban-donna à ſon adverſaire les dehors, pour ſauver le cœur de la place. Il fut aſſez bon pour s'en contenter, faute de mieux : il acheva donc comme il pût, ſon ſacrifice ſur cet autel bâti à la hâte, donna à la Belle quittance du reſte, redeſcendit faire un petit balot de ce qu'il trou-va de meilleur, appartenant à ſa Maîtreſſe : & de peur de quelque mauvaiſe querelle, gagna le large, content de ſa journée, & remer-ciant le Ciel, de lui avoir procuré un bon quart d'heure, qui ne lui avoit rien coûté.

Comme il ne venoit perſonne au ſecours de la pauvre Enfant, il devenoit inutile qu'elle s'évanouît une ſeconde fois ; elle ne s'evanouit donc pas. En effet, ſi ce devoir étoit indiſ-penſable, il y auroit donc telles femmes dont toute la vie ſe paſſeroit à s'évanouir, & à ſe

porter

porter mieux : ce qui deviendroit très-embar-
raffant. D'ailleurs elle avoit autre chofe à
penfer. Elle étoit un peu remife de fes fatigues. Car les dernières qu'elle avoit effuyées
n'étoient qu'un jeu d'enfant ; cela n'oblige
point à garder le lit, fi ce n'eft au moins
dans la crainte d'une nouvelle attaque : auquel cas on fait bien de s'affurer toujours
du champ de bataille. Mais Lili étoit dé-
goûtée de ces fortes de combats, & n'en
vouloit plus tâter, qu'avec celui, de qui feul
elle étoit jaloufe d'être vaincue. Car le Révérend & trop chéri Père Feroquiers, étoit
le feul objet qui l'occupoit encore ; & il n'eft
pas douteux que les deux Affaillants mal-
honnêtes, qui l'avoient voulu remplacer,
euffent eû bon compte de fa jolie perfonne,
fi fon imagination eût pû la trahir un moment, & qu'elle eût cru tenir fon Jéfuite
dans fes bras, au lieu d'un valet & d'un vil
Capucin. D'ailleurs, l'état préfent de fa fortune, lui rendoit néceffaire, la préfence, le
crédit de cet Amant, contre le Père Des-Archanges & fon fubftitut. La fuite de ces deux
fripons la laiffoit dans une difette affreufe ;
& puis, qu'étoit-elle venuë faire à Rome ?
Un Dévot vient y chercher des pardons ;
Lili venoit en apporter : cela eft bien plus
héroïque. Défefpèrée de la fuite, ou pour
dire mieux, du vol de fes deux perfides
Galants, bien plus que de leurs attentats à
fa pudeur, elle fe mit donc en marche, &
fe traîna douloureufement vers le grand Couvent des Jéfuites. Elle choifit le logement le

E

plus voisin de cette maison ; à peine elle eût pris langue, qu'elle dépêcha une émissaire, avec une lettre, pour le Père Feroquiers. Mais quelle ne fut pas la tristesse, & si j'ose le dire, le désespoir de cette infortunée, lorsqu'on lui rapporta que son Sigisbé à robe longue, étoit absent depuis quelques mois, & que le Général l'avoit dépêché pour Lisbonne, avec commission secrette. A cette nouvelle affligeante, elle s'évanouit cette fois de meilleure foi que la première. Sa jeunesse, sa beauté, la curiosité de savoir ses infortunes, tout rassembla les gens de l'auberge autour d'elle ; une Belle dans le malheur, intéresse toujours. Celle-ci fit plus ; elle attendrit jusqu'aux ames dures & intéressées des Italiens qui la virent ; entr'autres celle d'un estaffier du Cardinal P.... il fut du nombre de ceux qui s'empressoient autour d'elle, & qu'elle blessa de ses deux grands yeux mourants. Apprenant de ses malheurs, tout ce qu'elle voulut & pouvoit honnêtement lui en dire, sa naissance & les besoins qu'elle avoit d'une protection puissante en Cour de Rome, il offrit la sienne auprès du Cardinal son maître. Il n'expliqua pas, sans doute, les conditions du traité ; mais entre gens qui ont de l'intelligence, cela ne demande pas d'explication : on s'entend à demi-mot.

L'estaffier amoureux, car c'étoit le destin de Lili, de se faire des adorateurs, de quiconque la voyoit, l'estaffier, dis-je, ne fit point de promesses Italiennes : il joignit l'effet aux paroles. Il courut au plus pressant, &

lui fit donner un logement plus commode,
tous les autres secours dont elle avoit besoin:
la laissa prendre du repos, qui lui devenoit
absolument nécessaire, & courut du même
pas tenter la générosité chrétienne du Cardinal, pour une jeune Françoise, qui se
jettoit entre ses bras, & dont il releva beaucoup la beauté. Il auroit fallu avoir l'ame
bien dure, pour refuser de les ouvrir à une
jeune Beauté en cet état. Le Cardinal savoit
son monde, & ne se fit pas prier deux fois.
Il ordonna sur le champ, au Valet-de-pied de
faire venir cette Enfant; mais craignant que
le séjour d'un pareil tendron en son palais,
ne fut contre l'étiquette de la Cour Romaine,
& d'ailleurs voulant la mettre à couvert de la
médisance & des attentats de ses gens, il lui fit
donner sa livrée. L'estaffier ayant réussi au-delà
de ses espérances, courut en diligence retrouver
la Belle, lui fit valoir ses soins, les attentions
chrétiennes du charitable Cardinal, lui fit
prendre habi-Toque & trousses de Page à
la livrée du Maître, & dans cet état, le
galant Mercure l'introduisit au Palais. Le
Cardinal venoit d'en sortir. Le Page en attendant qu'il fut présenté, fut déposé dans un
cabinet dérobé, qui recéloit les jeunes Objets
destinés aux plaisirs de Monseigneur. Lili passa
le reste du jour & partie de la nuit, avec
l'estaffier, prenant le tout en patience, en
attendant quelle seroit sa destinée dans cette
maison, & sous cette nouvelle métamorphose.

La charmante Aventuriere voyoit ce
nouveau déguisement d'un œil assez tran-

quillé, avec tant de charmes, & toujours
trop sûre de plaire, il lui étoit indifférent
d'être Vénus ou l'Amour, du moins pendant le jour ; la nuit, c'étoit autre chose :
il y avoit trop à perdre pour elle. Pour le
bon Cardinal son nouveau Patron, hélas !
tout cela lui étoit bien indifférent ; tout lui
étoit propre : il trouvoit son compte à tout,
& ne demandoit guère de retour, quand on
lui proposoit de troquer. Lili, en attendant,
avec une résignation chrétienne, ce qu'il plai-
roit à la Providence d'ordonner de son sort,
cherchoit à provoquer les faveurs de Morphée.
La tête non-chalamment soutenuë sur un bras
d'albâtre, la chevelure un peu en désordre,
le jabot assez entr'ouvert pour laisser entre-
voir un sein naissant qui ne cherchoit qu'à
badiner, & faisoit soupçonner bien d'autres
appas qu'on recéloit, Lili s'amusoit, ou faisoit semblant de s'amuser à lire quelque bro-
chure Ephémère, sans y comprendre un mot.
Un bruit soudain, qui annonçoit un équipage & le Maître de la maison, la retira de
sa létargie, & fixa son attention. C'étoit le
saint successeur des Apôtres, qui revenoit
digérer entre deux draps, les restes d'un petit
souper délicieux, où il s'étoit trouvé en tiers.
C'étoit l'étiquette du Palais, que Monseigneur
envoyoit le matin le mouchoir, à celui de ses
Mignons qu'il destinoit à l'honneur de sa couche. Le Favori attendoit la nuit son Eminence,
dans ce qu'on appelloit l'*Appartement des
délices*, le même qu'occupoit Lili. Lorsque
le bon Prince étoit en humeur d'en prendre

en peu pour sa santé, il enfiloit secrettement l'escalier dérobé, se rendoit au susdit appartement, sans faire de bruit se couchoit tranquillement auprès de son Ganimede, & après avoir pris sa refection, mais avec sobriété, s'endormoit, en remerciant Dieu, qui n'a pas voulu que son Eglise fut toujours souffrante ici-bas. Mais comme on ne pense pas à tout, il avoit oublié ce jour-là, de prendre cette précaution ; ainsi lorsqu'impatient d'être heureux, il eut pris le chemin de son Serrail, l'Intendant de ses plaisirs frémit, quand il considera qu'il n'y avoit personne de prêt à offrir ses services à Monseigneur. Il le laissa pourtant escalader l'escalier, en recommandant son ame à Dieu. Mais quelle fut sa surprise, lorsque loin d'entendre Monseigneur appeller, pour gronder ses gens, il l'entendit fermer la porte sur lui, & s'entretenir assez amiablement, avec une voix douce & enfantine, qu'il ne reconnut pas. Cette voix étoit celle de Lili, comme on pense bien. Le Prélat, étoit entré sans façon, dans sa chambre reculée, s'étoit déshabillé lui-même, & mis au lit, sans trop envisager la beauté qui s'offroit à ses desirs. Surpris de sa froideur & de son air timide & embarrassé, il envisagea de plus près sa conquête, & en parut charmé. Il comptoit que c'étoit, sans doute, quelque nouveau tendron, dont l'Intendant venoit de meubler son Serrail & lui donnoit l'étrenne. Il se mit donc en devoir d'en faire l'essai. Lili interdite, s'opposa à son bonheur ; sa résistance piqua & confondir le Prélat. Qui êtes-vous donc, lui demandâ-t-il, & que faites-vous ici ? Je n'en sais rien, lui dit l'Enfant timide ; je m'appelle Lili. Un Domestique de son Eminence, m'a introduite ici pour y attendre ses ordres.... Et mais,... mes ordres sont que vous soyez moins revêche, & que vous vous prêtiez de bonne grace au bonheur qui vous attend..... Ce n'est pas trop bien faire votre cour auprès de mon Eminence, que de me faire éprouver une résistance pour laquelle un Prince de l'Eglise, comme moi, n'est point fait....... ôh ! assurément point du tout fait.... J'en suis fâchée, dit Lili, mais on ne m'a pas fait venir ici pour cela, & vous m'excuserez, Monseigneur, si j'ose.... Oh ! je ne vous ai déjà que trop permis d'oser, & je ne vous permets plus que de partager mes plaisirs.... En disant cela, le saint homme, redoublant de vigueur, se mit en devoir, de ne lui pas laisser tout le mérite de l'obéissance. Malgré sa résistance de la jeune Innocente, elle alloit éprouver une autre espèce de combat, auquel elle n'étoit point préparée, bien qu'après un si long noviciat chez des Jésuites ; le Cardinal, toujours abusé par le travestissement de Lili & l'erreur de son asyle, alloit de sa Vénus faire un gentil Ganimede, quand Lili, pour prévenir un si horrible cas, fit entendre une petite voix douce, pour détromper le Prélat. Hélas ! je suis en votre pouvoir, dit-elle, faites de moi, comme il vous semblera bon, mais, à coup sûr vous vous trompez..... Ce n'est pas là..... c'est... L'avis étoit bon,

mais déjà même inutile. Le Prélat en tour-
nant & retournant la jeune Agnès , avoit
imposé ses mains sacrées sur deux jolis globes
de neige , qui servoient de double trône aux
amours. La découverte lui parut heureuse ,
il voulut approfondir ses soupçons & éclaircir
les discours équivoques du Page feminin. De
ce double joli promontoire, jusqu'à l'endroit
décisif, le chemin n'étoit pas long, la vérification fut bientôt faite, & le Prélat sans
trop se chagriner du troc, ni s'inquiéter s'il
y gagnoit ou s'il y perdoit, saisit l'occasion
par les cheveux , & employa la Belle pour
ce qu'elle vouloit être , & après un court
introït, chanta bientôt son action de graces ,
au contentement des deux parties.

Cette nuit eût bien des sœurs, comme l'on
pense , & le Prélat , épris pour sa Vénus, d'un
amour honnête , à force de tendresses , de
complaisances & de petits soins , cherchoit à
lui faire oublier, le Jésuite, le Capucin, le
Valet. Il fit plus, il voulut encore lui faire
oublier ses malheurs, & les friponneries de
ces deux Amants perfides. Il lui meubla une
petite maison ; contiguë à la sienne ; la soie,
la dorure ; les bijoux de toute espèce, pleu-
voient sur la Favorite ; rien n'étoit trop bon
pour la Belle , rien n'étoit trop cher , &
on ne se plaignoit , que de ce qu'elle ne
faisoit pas assez d'honneur à l'opulence de
l'Eglise , & ménageoit trop la bourse du
Prince Romain. On n'étoit inquiet que des
moyens de prévenir ses desirs, & de lui en
faire naître de nouveaux. Pour pousser à bout

(56)

son défintéreffement & fa modeftie, le libéral Italien, lui affigna une penfion confidérable, fur fes revenus les plus clairs; & pour rafûrer fa tendreffe, fur les craintes qu'elle pouvoit avoir de la légèreté romaine; le vieil Eunuque noir & trois Mignons en titre, furent congédiés ignominieufement.

Ce petit train de vie étoit trop doux, pour durer bien long-temps. Lili s'accomodoit affez de fa nouvelle fortune; elle fembloit être née pour ce luxe brillant qui l'environnoit. Cependant, qui l'eût dit? il manquoit quelque chofe à fes defirs. Au fein des voluptés, fon cœur foûpiroit, & ces foupirs s'envoloient vers les murs de Lisbonne, & fembloient hâter le retour du Héros, qui feul pouvoit remplir le vuide de fon cœur, & fans lequel elle ne goûtoit qu'imparfaitement fon bonheur préfent. Que n'eût-elle pas dit? Que n'eût-elle pas fait? dans quels tranfports délicieux ne fe fut pas plongé fon ame, fi elle eût pû favoir, combien elle étoit près de fon bonheur, que cet Amant, encore fi cher à fa tendreffe, étoit à vingt pas d'elle, ne cherchoit qu'elle, & ne refpiroit qu'elle?

En effet, le Père Feroquiers, étoit revenu de fa commiffion, & qui plus eft, il étoit inftruit du féjour que fa Maîtreffe faifoit à Rome. Mais qu'il fut loin de foupçonner qu'elle fut fi près de lui! On lui avoit feulement marqué de Paris, que le terrible Corfaire Malouin étoit parti pour Rome, avec le Père Des-Archanges, tous deux refpirant la vengeance, & en deffein d'attirer fur fon

chef criminel, toutes les foudres du Vatican.
Il prit son parti là-dessus, & pour conjurer
le nouvel orage qui grondoit, après avoir
mis dans son parti ceux de ses Supérieurs,
qui avoient le plus de crédit en Cour, il
voulut encore solliciter lui - même de nouveaux protecteurs, contre ses Supérieurs, s'ils
venoient par hazard à se tourner contre lui.
Il connoissoit la bonhommie, & l'excellent
naturel du Cardinal de P..... Sa jeunesse
voluptueuse, ses petites intrigues, qu'il ne
prenoit même pas trop la peine de cacher,
tout fit comprendre au Jésuite, qu'un aveu
sincère de ses fautes, à l'aide d'une petite dose
d'hypocrisie, lui feroient bien aisément trouver
dans le bon cœur du Prélat, cet excès d'indulgence, dont il avoit besoin pour lui-même.
Il résolut donc de lui faire sa cour assidue-
ment, & de gagner son amitié, s'il ne pouvoit gagner son estime, dont il étoit bien
résolu de se passer. Pour cela, en politique
adroit, il s'agissoit de s'insinuer habilement
dans son esprit, de s'acquérir des amis auprès du Prélat, & sur-tout de gagner la Favorite, ou le Favori. La Sultanne régnante,
en changeant d'état, avoit changé de nom :
ce n'étoit plus la petite Lili, tout court, mais
Madame la Marquise de C.... Au reste, elle
l'étoit à aussi bon titre, sans doute, que tant
d'autres, que l'on ne va pas chicanner sur
cette bagatelle. Il avoit déjà fait porter paroles par-dessous main, à Madame la Marquise, sans la nommer. Un Médiateur intri-
guant, avoit dit, qu'un Révérend Jésuite

François, briguoit l'honneur de lui préfenter de vive voix, les hommages refpectueux de fa Compagnie, & particulièrement les fiens, & d'implorer fa protection auprès de Monfeigneur, au fujet d'une affaire, qu'il ne pouvoit communiquer qu'à elle feule. Elle confentit à recevoir fa vifite. Qui favoit, s'il n'auroit pas à lui donner des nouvelles du fait, en faveur de qui on vouloit proteger la Societé: C'étoit peut-être un ami, un confident du Père Feroquiers, ce cher Père, qui.... Ah!... Depuis ce moment, Lili ne dormoit plus, fa fanté en fut alterée, les nuances de fon teint en furent toutes brouillées, & les rofes faifoient étrangement place aux lys.

Le Révérend Père prit jour, fe fit introduire en fecret & préfenter à Madame la Marquife, dont le petit cœur palpitoit. Oubliant la décence, qui convenoit à fon fexe & à fon rang, elle ne pût attendre la vifite du Jéfuite; elle courut au devant du Père Feroquiers, le vit, le reconnut, pâlit, jetta un cri, & fe laiffa tomber évanouie dans fes bras. Le Jéfuite étourdi de l'aventure, confidera de plus près, ces appas, qu'il étoit fi furpris de faire pâlir ; & comme frappé de la foudre, le cœur déchiré de plaifir, de furprife & d'inquiétude, il laiffoit galopper fon imagination, & fa Nymphe perdre le refte de fes forces, entre fes bras, fans penfer à lui donner du fecours. Cependant à force de rappeller les idées, il tira quelques eaux fpiritueufes, traîna la mourante vers fon lit,

déjà brûlant de lui rendre ses roses. Mais
entendant du bruit, & craignant les suites
de la curiosité des gens de l'Eminence,
soupçonnant même déjà une partie de l'aventure, il s'esquiva prudemment, & laissa au
Cardinal, qui s'approchoit, le soin de dissi-
per cette longue pâmoison de sa Sultanne,
& lui restituer plaisamment son vermillon.

Le Jésuite revenu de son étourdissement,
donnoit la torture à son imagination : & pour
démêler le nœud de cette aventure, il brûloit
d'impatience d'être au lendemain, pour re-
voir sa chère Avanturiere, & mourir de plaisir
entre ses bras, si son cœur étoit toujours le
même : & sur-tout pour apprendre de sa
belle bouche, tout le Roman de sa vie,
depuis sa sortie du Collège. Les heures pa-
rurent des jours & les minutes, des heures,
jusqu'au moment, qu'il pensa pouvoir avec
bienséance, se rendre au Palais. Mais l'aventure de la veille, & l'évanouissement subit
de Lili, lui faisant craindre quelque chose
de semblable, il crut ne devoir pas risquer
une seconde visite sans précaution, puisque
sa vuë causoit de si terribles révolutions sur
le cœur des Belles ; d'ailleurs, il n'étoit pas
fâché de pénétrer celui de Lili, & de savoir
si c'étoit du plaisir ou de la haine, que sa vuë
inspiroit. Il pouvoir craindre outre cela, que
Lili n'eût jasé, & que le Cardinal ne fut
résolu à faire un mauvais parti à son rival
froqué. Il prit donc celui de se déguiser,
& à la faveur d'un habit grotesque d'Armenien, plein d'espoir & d'inquiétude, il ptit

le chemin du Palais, & demanda à être présenté à la Favorite, comme un Marchand
étranger qui avoit des raretés à lui faire voir il
fut introduit, sa barbe postiche & le reste de
l'habillement l'eût rendu méconnoissable, aux
yeux même de sa mère. Le trouble seul de
son cœur, qui perçoit dans ses yeux, eût pû
le faire reconnoître. La Belle curieuse, étoit
couchée non-chalamment sur un sopha, dans
un déshabillé galant, & même un peu négligé. Pour la décence, une gaze légére
sembloit couvrir tout ce beau corps d'albâtre,
& sur-tout la plus charmante & la plus mu-
tine gorge naissante, seulement, pour dire
qu'elle n'étoit pas absolument toute nuë ;
mais on en voyoit assez, pour devenir fou
de rage, de ne pas voir le reste. La boëte
de l'Armenien fut visitée, cullebutée d'un
bout à l'autre : chaque pièce examinée, mé-
prisée, marchandée, surfaite, & de choses
peu d'achetée. Après que Lili eut pris quelques
bagatelles, elle demanda, s'il n'avoit rien
de plus curieux à faire voir. C'étoit-là où
l'attendoit l'Armenien, que les gens de la
maison offusquoit. Il répondit froidement,
qu'il avoit encore quelque joyaux, mais qui
étoient sans prix, & dont il ne voudroit pas
se défaire pour tous les trésors du monde ;
cela réveilla la curiosité ; on l'obligea
à faire voir cette rareté. Il jura qu'il ne
pouvoit le montrer qu'à Madame, &
pour cause. Ses gens, qui étoient dans la
chambre, eurent ordre d'en sortir, & le
Jésuite dans la minute, laissant tomber sa

fausse

fauffe barbe, fa robe d'Arménien, tira de
fon étui, un bijou bien différent de ce qu'elle
attendoit, & bien au deffus de toutes les
raretés des Indes & de la Chine. Lili fe connoiffoit à cette efpèce de joyaux; il lui en
étoit paffé quelques-uns par les mains; elle
en favoit l'ufage & la propriété. Elle reconnut
d'abord que celui-là avoit déjà fervi, & de
plus, elle reconnut le Marchand & la mar-
chandife; & celui-ci la fit bientôt convenir,
que pour avoir déjà un peu fervi, fon joyau
avoit encore tout le mérite, & toute la fraî-
cheur de la nouveauté.

La reconnoiffance une fois faite, les careffes
bien prodiguées, & les arrérages bien payés
avec le principal, enfin mille queftions étant
faites & répondues, & tous les détails du
premier tome du Roman étant bien éclairci,
il fallut s'arranger pour fournir les matériaux
du fecond; quelqu'un travailloit à leur
épargner la peine d'en chercher fi loin la
matière.

L'Amour dort quelquefois, mais la vengeance ne dort jamais. Tandis que plongés
dans l'ivreffe du plaifir, ils fe croyoient ou-
bliés de tout le monde, parce qu'ils oublioient
tout le monde, quelqu'un cependant ne les
oublioit pas. C'étoit l'éternel P. Des-Archanges. Il avoit bien perdu Lili de vuë, mais
non le P. Feroquiers, & l'affront fanglant fait
à fa barbe, lui tenoit toujours au cœur. Il
avoit appris que le Jéfuite avoit été envoyé
à Lisbonne, mais non fon retour. Il s'appré-
toit à l'y pourfuivre, & pour cela, il follicitoit

des recommandations à la Cour du Roi de
Portugal. Le Cardinal P.... qui avoit des
amis en cette Cour, fut prié de lui en donner,
pour des affaires qu'on n'expliqua point, mais
où il y alloit, disoit-on, de l'honneur de tout
l'Ordre séraphique. Le Cardinal ne put tenir
à de si bonnes raisons, & le Frocart eut ordre
de venir chercher ses lettres, & recevoir la
bénédiction de son Eminence. Un Capucin
est un homme sans conséquence : celui-ci
s'étant présenté à la porte, on le laissa entrer
dans le Palais, fureter, roder tant qu'il voulut.
Comme il ne connoissoit pas bien les détours,
il s'égara, & lorsqu'il cherchoit la chambre
du Secrétaire, il se trouva véritablement dans
la maison & à la porte de l'appartement de
Lili. Certain bruit sourd, qu'il entendit dans
ce lieu peu fréquenté, certain trémoussement,
qui sembloit venir de quelqu'un qui se plaignoit doucement, lui fit prêter l'oreille....
Certains soupirs, langoureux, certains *hoime*,
cor mio... certains ah !.. finis donc cher Père....
Ah !.... Mais, peut-on être si fou ?.... Ah !
laisse donc, je n'en puis plus... redoublèrent
sa curiosité, & irritèrent en lui la partie con-
cupiscible. Il eut la hardiesse d'entr'ouvrir la
porte, qu'on avoit oublié de fermer, pour
voir un peu la mine de l'Agent, si la patiente
étoit jolie, & pour partager enfin le plaisir, en
dirigeant son intention. Sa témérité fut mal-
heureuse. Le bruit qu'il fit en ouvrant la
porte, ses regards farouches, en tombant à
plomb sur les deux Amants heureux, préci-
sément au moment où le sacrifice alloit se

consommer, en arrêtèrent subitement la con-
sommation. Lili se releva avec vivacité, &
jetta un cri perçant ; le Capucin reconnoissant ses deux ennemis, se crut perdu,
& vouloit prendre la fuite ; mais en refer-
mant la porte avec violence, sa barbe se prit
dedans, & il ne pouvoit la rouvrir. Les
efforts qu'il faisoit pour retirer sa toison, lui
mettoient le menton tout en sang ; & comp-
tant à tout moment que le Jésuite alloit le
faire poignarder, il ne crioit pas, il heurloit.
Il avoit déjà un côté entier de la barbe arraché & l'autre pris dans la porte, lorsqu'elle fut
ouverte par les domestiques accourus à ses
cris. Sur les ordres de Lili, devenue furieuse,
ils arrêtèrent le malheureux Franciscain bâ-
tard, & le dépouillant sans miséricorde, il
lui arrachèrent brin à brin, tous les crins
dont il avoit plû au Ciel de couvrir son
noir individu. Elle en fit une espèce de fouet,
en y attachant des épingles à chaque petite
poignée, & après avoir emmanché le tout,
à un énorme bâton, Lili lui en fit décharger
en mesure, un millier de coups, & le fit
mettre à la porte.

Le misérable, ainsi cruellement épilé &
fouetté aux yeux de sa perfide, ne se fit pas
prier pour sortir & regagner le couvent, aussi
honteux & aussi furieux de son aventure,
que d'un autre côté, pénétré de joie de
voir ses deux ennemis se livrer eux-même
à sa vengeance. Il avoit vu bien distinctement,
& mieux encore reconnu le Père Feroquiers,
quoiqu'il eut disparu. L'attitude des deux

Amants indiscrets, n'étoit point équivoque ?
leurs propos l'étoient encore moins. Il n'ignoroit pas que Lili ne fut cette charmante Marquise, que tout Rome savoit appartenir au
Cardinal, & il se flatta que celui-ci parta-
geroit son ressentiment, autant par dépit que
par honneur.

Arrivé au grand couvent, il fait sonner le
Chapitre, & là, dans un récit pathétique,
détaillant ses malheurs, il cherche à émou-
voir la pitié de ses Supérieurs, & la colère
de ses Confrères. Les plus jeunes crient à
l'attentat & demandent vengeance. Si cela
passe doucement, l'honneur de leur barbe
sera compromis tous les jours. Il n'y aura
plus de sûreté pour elles ; & que deviendront
nos Constitutions ? Les Supérieurs plus maîtres
de leur ressentiment, & craignant de se mettre
& les Jésuites & le Cardinal à dos, si cette
affaire transpiroit, & faisoit transpirer ses dé-
sordres, résolurent de garder sur tout cela
un silence religieux. Le P. Des-Archanges ne
s'en contenta pas. Résolu de périr ou de se
venger, il écrit en cachette de ses Supérieurs,
au Cardinal offensé, & prie son Eminence,
de se trouver secrettement & suivi d'un seul
domestique, dans une maison qu'il lui indi-
que, pour y apprendre des choses, qui sont
pour lui de la dernière conséquence, & qu'il
ne peut aller lui révéler, ni lui écrire, sans
courir risque de la vie.

Le Cardinal, dont les allures faisoient du
bruit en Cour, & qui en craignoit les suites,
crut qu'on machinoit sa perte, & se trouva

le premier au rendez - vous. Le Père Des-
Archanges, tout essoufflé & perdant haleine,
l'y suivit bientôt. Eh bien, Père, lui dit le
Prélat inquiet, de quoi s'agit-il? D'une chose
indigne, atroce, & qui mérite...... Ah !
Monseigneur, des violences, des puanteurs,
des exécrations, *Ma, omnis caro fœnum*, cela
vous regarde, Monseigneur, mais tout cela
ne me rend pas ma barbe : vous voyez, je
l'ai perdue, pour vous.... Vous m'en rendrez
une autre, s'il plaît à Dieu....Eh quoi ! dit
le Pontife furieux, ce n'est que pour une
une barbe perdue, que vous m'avez fait
venir.... qu'appellez barbe perdue ? J'ai bien
perdu autre chose, Monseigneur, & tout cela
par rapport à vous.....Je suis.... Je suis...
Ma, fiat voluntas.... Mais enfin, qu'avez-
vous donc perdu de si cher, Père sans barbe
& sans autre chose ? Qui vous rend de si mauvaise humeur ?... Qu'y a-t-il enfin ?... Il y
a, reprit le Capucin, il y a, Monseigneur,
que vous êtes cocu.... Oh ! cocu, tout ce
qu'on peut l'être.... Oh !... Oui, cocu,
archi-cocu.... Votre coquine de Lili, ah ! la
grande coquine !... Elle est ma foi gentille ;
mais..... Il m'en coûte ma barbe, Monseigneur, & cela ne revient pas en un jour.
Oui, ma barbe & ma.... Les scélérats...
Comme ils m'ont indignement tondu....
Tenez, imaginez-vous qu'elle m'a mis....
Ah ! il n'y en a pas plus que sur ma main,
tout cela est *rasibus*, comme vous voyez mon
menton. Pour vous, Monseigneur, on vous
fait pis, j'en demande pardon à votre Emi-

nence, mais enfin, vous êtes cocu... Boue-
infect, die le Cardinal, seroit-ce bien toi
qui ?... Tout autant, Monseigneur, oui,
moi-même, je l'ai vû enfin de mes propres
yeux ; je ne voudrois pourtant pas jurer, que
vous le fussiez, comme les autres le font....
je n'ai vû que leurs pieds se trémousser : ils
étoient en conjonction copulative, la Lili
dessous, le scélérat, comme vous devinez
bien ; mais je n'ai pû voir, si la Lili étoit
sur le dos ou autrement ; tout ce que j'en
sais, c'est que le drôle ne marchande pas....
Ils se connoissent depuis long-temps, & on
ne lui arrache pas la barbe poil-à-poil,
comme à moi, quand il s'émancipe. Car c'est
la seconde fois, Monseigneur, que le Jésuite
vous en-fait porter.... Un Jésuite, dit le
Romain.... Il n'y a pas le sens à tout ce
qu'il dit. Est-ce qu'un Jésuite fait cela aux
filles ?.... Il faut bien que cela soit, puisque
celui-ci lui a déjà fait un enfant au Collège....
Je ne l'ai pas vû accoucher ; ainsi je ne puis
dire, si l'enfant est venu par la voie naturelle ;
mais tant y a que la friponne de Lili n'en est
pas à son apprentissage, & qu'à votre place,
je la ferois noyer, elle & son scélérat d'Ignatien..

Le Cardinal eut la patience d'écouter jusqu'au bout ce tissu d'impertinences : puis
reprenant son sang-froid, & l'interrogeant
pied-à-pied, il ne put plus douter qu'il ne
fût en effet de la grande classe des pauvres
maris. Dès l'instant il jura la perte des deux
ingrats, s'il pouvoit se convaincre par ses»

yeux de leur trahifon. Leur imprudence lui fournit bientôt les preuves qu'il cherchoit. Les domeftiques, jaloux de la faveur de la la Sultanne, dépofèrent contr'elle, & l'accu- fèrent de plus de défordres, qu'elle n'en étoit capable ; pour preuve même du délit, on fit voir au Cardinal le même fouet, tiſſu des crins de l'indifcret Capucin, avec lequel on l'avoit fi indignement flagellé. Dès-lors le Cardinal n'écouta plus que fon reſſentiment.

Le premier coup tomba fur le Jéfuite. Il le fit attirer dans un endroit non fufpect : là fe trouvèrent des Sbires ; il fut arrêté & conduit avec le plus grand fecret dans les prifons de l'Inquifition.... Mais comme pour plufieurs raifons, le Cardinal, malgré tout fon crédit, ne crut pouvoir l'y retenir long - temps ; il penfa qu'il feroit mieux vangé, en le livrant au reſſentiment des Pères Capucins outragés en corps, dans la perfonne d'un de leurs membres. Afin que cette affaire fît moins d'éclat, il le fit enlever fecrettement, & transférer à Naples, dans le couvent de ces Pères. Sa vengeance même fut digne d'un Italien. Il ne la borna pas à une prifon per- pétuelle, dans un cloître Monacal : après avoir réglé le traitement de la pénitence, à quatre jours de la femaine à vivre au pain & à l'eau, à recevoir quatre fois par jour la difcipline, à ne voir jamais la lumière, & à n'avoir pour lit & pour logis, qu'un peu de paille femée dans une cage, où il ne pouvoit ni fe lever ni fe coucher, fi ce n'eſt, lorfqu'on l'étrilloit, le barbare Prélat, combla tant de cruautés, en lui donnant pour Géolier, l'impitoyable Père Des-Archanges. Il ne pouvoit mieux écheoir, le pauvre Diable, si bien repentant de ses fautes, il vouloit en obtenir la rémission, en crévant de faim & de rage. Pour Lili, elle eut son fait à part. Le Cardinal avoit d'abord eû dessein de la tenir chez lui, dans une prison perpétuelle, pour aller tous les jours lui reprocher ses fautes, & lui en ménager le pardon devant Dieu, en l'obligeant à force jeûnes & macérations. Mais sa vangeance à moitié satisfaite, par les tourments du Jésuite, il se contenta de la faire dépouiller toute nuë, & fustiger de cent coups, par chacun de ses estaffiers, avec le même fouet fait de la barbe, &c. du Disciple de saint François. Ainsi déchuë de sa faveur, & perdant en un moment presque tout le fruit de ses caresses & de ses crimes, on l'embarqua de nuit, sur un esquif, & on la laissa sans rames, & sans voiles, voguer, au gré des vents, en la regalant pour adieu, d'un *sic te diva parens cipris, &c.*

La fortune conduisit sa barque : elle arriva heureusement à Naples, sous les auspices de l'Amour, & de sa mère dont on avoit imploré la protection. Lili, comme une autre Moyse, ainsi sauvée de la fureur des eaux, pensa s'y précipiter tout de bon, lorsque se trouvant aux portes de Naples, le premier minois qu'elle fixa, se trouva appartenir au cruel P. Des-Archanges. Cependant elle n'en fit rien, parce qu'elle ne fut point vuë du Cerbère, & qu'elle espera avoir bientôt par son canal, des lumières sur le sort de son Amant. Elle en acquit bientôt, en faisant jaser le F. Portier. Ses conjectures se trouvant vraies, son plan de vengeance fut aussi-tôt arrangé. Heureusement, que pour le remplir, elle avoit sauvé adroitement avec quelque peu d'or, tous ses bijoux les plus précieux. Elle fut donc trouver un Fripier, troquer ses habits encore assez riches, contre un habit grossier de valet; elle brunit son teint de rose, & pour completter le déguisement, fit même le sacrifice de ses beaux cheveux & de ses sourcils. Dans cette mascarade, elle se présente au Gardien, jouë le rôle hippocrite d'un nouveau Converti, demande humblement l'habit de Frere lai, & paie sa pension d'avance. L'œil même de sa Mère ne l'eût point reconnuë sous ce masque. On la mit à la cuisine, c'est ce qu'elle demandoit: par-là elle trouve occasion de se faire connoître à son Amant, & d'adoucir la rigueur de sa captivité. Elle ne devoit pas durer. Vous êtes perdu, dit-elle, si vous ne me secondez: mais un peu d'hippocrisie vous tirera d'affaire: feignez d'être repentant de vos fautes, de demander même qu'on augmente vos châtimens, & par grace qu'on vous donne un Confesseur & l'habit de l'Ordre, pour vous punir de l'avoir outragé. Il joua son rôle en Jésuite, c'est tout dire. On communiqua cette conversion au Cardinal & la requête du Pénitent. Il accèda à tout, & trouva même plaisant de faire endosser la mutande séraphique, & porter la barbe crasseuse de Capucin, à un Jésuite, qui avoit paru l'avoir tant en horreur. Le Cerbère de Dom Beroquiers, ne se consoloit de ne plus l'avoir à sa discrétion, qu'en voyant son menton bientôt ombragé de cette toison, qu'il haïssoit tant. Lili la détestoit encore avec plus de plénitude de cœur, depuis son séjour, chez ces Boucs catholiques. Charmée de ses succès, vous tomberez enfin, dit-elle un jour, barbes maudites, qui nous avez fait verser tant de larmes. Elle communiqua son projet au P. Feroquiers qui soupiroit, & trembloit de tous ses membres. Mais les frais de la fuite & de la vengeance étoient déjà faits. Elle avoit tiré du Frère apothicaire le secret d'un narcotique à l'épreuve, avec lequel on pouvoit endormir sans danger, le fou le plus pommé, fut-ce même un Voltaire, sans craindre qu'il se réveillât de vingt-quatre heures, à moins qu'on n'employât le vinaigre, pour faire évaporer sa vertu. Elle en fait avoit sa provision. Elle saisit donc l'occasion d'un repas de Communauté, pour en mettre dans un plat, dans le vin, & dans tout enfin, & l'effet en fut si prompt, que nos Barbes-de-chèvres, après avoir balbutié quelques temps, dormirent tous à l'unisson sur leurs assiettes, avec autant d'héroïsme, qu'on dort aux discours du P. La-Neuville. Dom Feroquiers seul, n'avoit touché à rien : Suis-moi, lui dit-elle, voici le moment des vengeances. Voi ces ciseaux & ce poignard. Ceci va te servir à toi-même, si tu ne me secondes.... A ces mots, elle arme des ciseaux, la main du P. Feroquiers, fait une ronde générale, dépouille chaque Capucin, & l'enchaîne avec son cordon, & cette opération faite, en deux tours de main, l'habile Barbier fait sauter & disparoître toutes les barbes supérieures

& inférieures, &c. &c. &c. des pauvres succes-
seurs de Matthieu Baski. Rien n'étoit si plaisant, que de voir ces bons Religieux, tous
couchés en travers sur la table du Réfectoire,
nuds, enchaînés, & tous aussi ras, que des enfants nouveaux-nés qui attendent le Baptême.
Tandis que le Jésuite-Capucin opéroit, Lili
ramassoit exactement tous les brins de barbe,
cheveux de devant, derrière, du haut & de bas,
sans en perdre un seul. Dom Feroquiers rioit,
sans deviner quel usage elle en vouloit faire.
Tu le sauras bientôt, lui dit-elle; elle en com-
posa une espèce de matelas, qu'elle plaça au
milieu du Réfectoire; cela fait, elle s'arme d'un
grand vase de vinaigre, & va frotter précisé-
ment les temples, les narines & les génitoires
des Moines en létargie; ils avoient assez de
peine à se réveiller, & ils auroient encore long-
temps bâillé dans leurs places, lorsque Lili
jettant un grand cri, au feu, dit-elle, & sauve
les barbes. Chacun se réveille en sursaut, veut
se frotter les yeux, & se trouva enchaîné, nud
& épilé des pieds jusqu'à la tête, lui, son
voisin & tous les Pères jusqu'au plus petit
monillon; ils frémirent, & sur-tout le P. Des-
Archanges, quand, sous l'habit du petit frère
Pacome, ils reconnurent cette Lili, dont les
charmes & la vangeance étoient si redoutables.
Le P. Des Archanges jugea bien, que n'ayant pas
de barbe à perdre, il n'en seroit pas quitte à si
bon marché, & il pensa juste. L'impitoyable
Lili, d'un seul coup du fer aceré, lui fit sauter
les deux arcs-boutant de sa joie, malgré ses heur-
lemens en faux-bourdon & l'accompagnement

lamentable des tristes spectateurs, qui crai-
gnoient un pareil sort. Après cette opération, Lili
se prépara à la dernière, qui fut moins cruelle;
elle se coucha nonchalamment sur le matelas
séraphique, & fit coucher auprès d'elle son
Amant, non sans lui avoir fait prendre quelques
cordiaux, pour ranimer la partie recréative de
son individu. Après l'avoir mis en train, à force
de caresses & de légers badinages, ils jouèrent
enfin au joli jeu, où chacun des spectateurs
lascifs, auroit bien voulu être intéressé pour
quelque chose, aux dépens même d'une autre barbe, s'ils l'eut euë. L'action eut trois
reprises, sans plus : les bons Pères, égayés par
ce spectacle, & ne pensant plus à la perte de
leur toison, firent connoître assez, par cer-
taines convulsions subites, combien cette opération frappoit vivement leur imagination.
C'étoit un plaisant spectacle, que de voir
toutes les tables hérissées d'une forêt de pi-
quets, ou de roseaux, qui sembloient agités
par un léger zéphyre. Cette agitation même
fut heureuse pour quelques-uns. Lili, & son
Amant satisfaits, regalèrent leurs Hôtes
d'un gentil sermon de *fugâ seculi*, s'éloignè-
rent promptement de la Ville & du Royaume
de Naples, & passèrent en Hollande, avec
leurs matelas séraphique, où graces aux
pierreries du Cardinal, ils firent grand'chère
& bon feu, & se dédommagerent amplement
des fatigues de tant de courses & de combats.
J'ai regret, & il est bien dur de n'être que
l'Historien d'une pareille aventure.

FIN.